에벤어의
형태와 구조

한국외국어대학교 러시아연구소 HK 연구사업단 학술연구총서 27

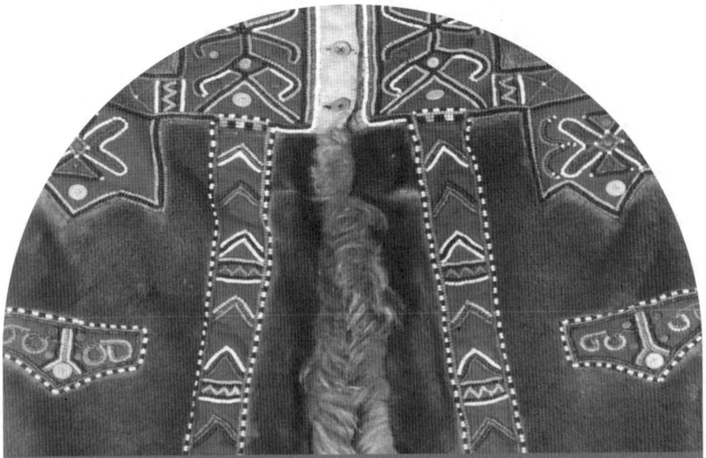

에벤어의 형태와 구조

강덕수 지음

HU:iNE

본 연구는 한국외국어대학교 연구기금 지원(2015-2017)과
2009년 정부(교육과학기술부)의 재원으로 한국연구재단의 지원을 받아
수행된 연구임(NRF-362-2009-1-B00005)

서 문

'한국어는 어디에서 왔는가?'

러시아어 전공자이지만 언어학자로 살아오면서 오랫동안 의문을 품었던 화두였다. 이 책은 바로 이 화두에 대한 해답을 찾는 과정에서 시작되었다. 한국어가 알타이어족에 속한다는 주장은 오래되었다. 최근엔 그렇지 않다는 반론도 만만치 않아졌다. 그러나 알타이어족 주장자나 반대자 모두 확실한 근거가 부족하기는 마찬가지다.

지난 20년 이상을 러시아 사하공화국에 드나들며 야쿠트, 에벤, 에벤키 사람들과 많은 교류를 가졌다. 언어학자로서, 러시아어 전공자에게 이것은 특별한 소명을 내려 준 기회였다. 틈틈이 이 언어들을 공부하였다. 공부를 할수록 우리가 잃어버린 과거와의 고리를 이어줄 수 있는 단서를 찾을 수도 있겠다는 희망을 갖게 되었다. 이 책은 그런 희망에 대한 첫 번째 응답이다.

2008년 연구년을 야쿠츠크에서 보냈다. 먼저 야쿠트어 공부를 시작하였다. 북동연방대학교 콜로데즈니코프(Stefan Kolodeznikov) 교수에게서 야쿠트어를 배웠다. 저명한 투르크어 비교언어학자 레빈(Gerasim Levin) 교수를 만난 것은 행운이었다. 레빈 교수는 10년 정도 아래였지만, 우린 서로 잘 통하는 친구요 동지가 되었다. 2012년 여름 함께 남부 시베리아의 타이가 지역을 탐사하면서 암각화를 조사하였다. 이 경험은 시베리아 깊숙한 곳에 대한 동경심을 자극하였다.

2008년 야쿠트어를 공부하면서 에벤키어를 병행하였다. 소수민족연구원의 연구원이셨던 므레예바(Anna Myreeva) 교수를 만났다. 에벤키어 사전을 내신 권위자였다. 품위와 절제가 몸에 배인 교수님에게선 구소련 시절에 익힌 학문적 권위가 있었다. 므레예바 교수님에게는 내가 마지막 학생이었을 것이다. 2010년 돌아가시지만 않았어도 에벤키어 공부는 좀 더 발전할 수 있을 거라는 아쉬움이 크다. 2008년 사하공화국 국회(Il Tumen) 골로마료바(Elena Kh. Golomareva) 의원과 함께 에벤키족 마을 올료뇨크(Olenjok)를 다녀오고, 레빈 교수와 탸냔 마을을 방문한 것은 에벤키 문화를 이해하는 데 큰 도움이 되었다.

2015년 두 번째 연구년도 야쿠츠크에서 보냈다. 에벤어를 공부했다. 북동연방대학교 벨롤륩스카야(Varvara G. Veloljupskaja) 교수는 나를 에벤족 공동체로 인도해 주셨다. 덕분에 토폴리노예(Topolinoe), 위치게이(Ychygej), 톰토르(Tomtor), 소르돈노흐(Sordonnookh), 오이먀콘(Ojmjakon) 같은 에벤족 마을을 방문할 수 있었다.

에벤키어와 에벤어는 제정 러시아 시대에 퉁구스어라고 통칭되었다. 러시아 혁명 이후 두 언어는 서로 다른 언어로 인정되었다. 두 언어는 한국어의 계통에 대한 실마리를 찾는 마지막 단서가 되지 않을까? 막연한 기대에 두 언어를 공부하는 것이 전혀 힘들지 않았다. 오히려 재미있었다. 아직 가야 할 길이 멀고, 많이 부족하다. 그래도 이 책을 내는 것은 이 분야에 관심있는 학자들과 연구를 공유하면서 비판의 소리를 듣고자 함이다.

국내의 계통론 연구자들과 함께 이 길을 가고 싶다. 한국어 계통 연구는 이미 20세기 초 람스테드(핀란드)나 스타로스틴(러시아) 같은 학자들이 기초를 다져 놓았다. 그 이후 국내에서는 이기문, 성백인 교수 같은 훌륭한 학자들이 많은 업적을 축적해 놓았다. 그러나 최근에는 한국어에 관한 계통론 연구에 대한 전망을 비관적으로 얘기 하는 분들도 있다. 이런 말을 듣는 것은 시베리아에서 에벤키어나 에벤어들과 같은 소수민족 언어들이 사라져가는 것을 보는 것만큼 슬픈 일이다. 서양의 언어 이론으로 현대 한국어를 해석하는 것도 중요하다. 그러나 고대 한국어를 시베리아의 사라져가는 소수민족 언어들과 비교하는 작업은 우리에게 주어진 역사적 소명이다. 우리가 지금 하지 않는다면 누가 대신해 줄 것인가! 이런 작업이 끊이지 않고 국내에서 이어지길 바라는 마음 간절하다. 비록 그 작업이 지난하여 가까운 시일 안에 결과를 내놓기 어렵더라도 그것은 누구도 가벼이 여길 수 없는 가치가 있는 일임에 틀림없다.

벨롤륩스카야 교수 덕분에 에벤어를 먼저 정리하게 되었다. 차후 에벤키어도 차분히 비교할 수 있는 여력이 생길 것 같다. 더 나아가 투르크어인 야쿠트어, 퉁구스어인 에벤키어와 에벤어, 그리고 몽골어를 함께 비교할 수 있는 날이 빨리 오기를 고대한다. 여기에 카자흐어와 위구르어를 보탤 수 있다면 알타이어를 거시적으로 비교할 수 있는 그물이 만들어지게 될 수도 있을 것이라는 막연한 꿈을 꾸어본다. 이 길을 가다보면 한국어의 계통을 더 구체적으로 규명할 수 있는 근거도 찾을 수 있게 되지 않을까? 에벤어 구조를 한국어와 비교하는 관점에서 저술한 최초의 연구서로서 그 꿈으로 가는 첫 발걸음이라는 점에서 아직 부족하나마 비판보다는 격려를 받고 싶다.

여기까지 오는데 많은 분들이 도움을 주셨다. 특히 에벤어 연구를 길잡이해 주신 벨롤륩스카야 교수님께 감사드린다. 에벤어 음성 녹음을 위해 시간을 내어 준 에벤족 레나, 타티야나, 베라, 마르가리타 씨에게도 감사한다. 원고를 꼼꼼이 읽어주고 중세 한국어 자료에 관한 문의에 성실히 응답해 준 박기선 교수(사이버한국외국어대 한국어학부), 녹음 파일을 분석해 준 변군혁 교수(한국외국어대 교양대학)에게도 감사한다. 지난 23년 간 연구에 필요한 모든 것을 항상 제공해 주신 북동연방대학교 미하일로바(Mikhajlova) 총장님은 이 모든 일이 가능하게 해 주신 분이다.

사하공화국에서의 활동이 공적인 차원으로 발전될 수 있도록 변함없이 지원해 주신 한국-사하친선협회 박정배 이사장님과 김진희 사무총장님, 그리고 정제강 부회장님을 비롯한 협회 이사님들, 사하-한국학교를 위해 많은 후

원을 해 주신 김형육 회장님(한양이엔지), 김명원 회장님(범우화학), 이동호 회장님(동희 자동차), 백광선 고문님을 비롯한 모든 분들에게도 이 자리를 빌어 감사드린다.

마지막으로 시베리아에 갈 때마다 묵묵히 반찬거리를 챙겨 주고 기도해 주며 기다려 준 아내 백영주, 그리고 고대 한국어 연구에 뜻을 두었던 작은딸 해은에게 감사한다. 작은딸이 만들어 놓은 한국어학 서재는 에벤어와 한국어를 비교 연구하는데 더할 나위 없이 귀중한 밑거름이 되었다.

2017년 8월
강덕수

추천사

강덕수 교수가 저서 "에벤어의 형태와 구조"를 출판하게 된 것을 진심으로 축하합니다.

이 저서는 강 교수가 지난 20년 동안 러시아 사하공화국을 드나들며 퉁구스어를 공부하고 연구한 결과 얻어진 것입니다. 강 교수는 두 번의 연구년, 즉 2008년과 2015년의 연구년을 러시아 사하공화국 야쿠츠크에서 퉁구스어 연구에 전념하였습니다.

강 교수는 한국어 계통론에 지대한 관심을 가지고 있습니다. 그래서 강 교수는 국내의 계통론 연구자들과 함께 가기를 원합니다. 강 교수는 고대 한국어를 시베리아의 사라져 가는 소수민족의 언어들과 비교하는 것을 역사적 소명이라고 강조합니다.

강 교수가 20여 년 각고의 노력 끝에 완성한 저서 "에벤어의 형태와 구조"가 국내의 계통론 연구자들과 국어학 전공자들에게 신선한 충격이 될 것이라고 확신합니다.

2017년 9월

한국외국어대학교 명예교수 남성우

목 차

에벤어의
형태와 구조

나는 에벤

나는 에벤.
자랑스런 이름이다.
자랑스런 언어이다.

에벤의 가슴 속에는
어머니가 불러 주시던
영혼과 꿈이
한없이 깊게
한없이 넓게
숨쉬고 있다.

미래엔 다시
에벤어가 살아나리라
나는 믿는다.

비록 노래를 마치지 못한다 해도
갑자기 심장이 멎는다 해도
모든 사람들
머리 속에
가슴 속에
문장 속에
내가 빚은 말들이
에벤어로 남을 것이다.

안드레이 크리보샤프킨 (Andrej Krivoshapkin)
(1940. 10. 17-)

에벤어의 형태와 구조

제1장
개관 : 퉁구스어와 민족

제1장 개관 : 퉁구스어와 민족

러시아 연방 남부와 시베리아에 걸쳐 광범위한 지역에서 사용되는 언어들을 포괄하는 매우 큰 어족이 알타이어족이다. 이 어족의 언어적 공통성은 다음과 같이 요약된다.

a. 어두에 자음 무리를 갖지 못한다.
b. 어두에 유음 r과 l을 갖지 못한다.
c. 모음 조화를 지킨다.
d. 관사가 없다.
e. 성의 구분이 없다.
f. 굴절 대신 교착에 의해 형태소가 결합한다.
g. 전치사 대신 후치사를 이용한다.
h. 소유 의미 동사 '가지다(have)'가 없다.
i. 수식어가 피수식어 앞에 온다.
j. 목적어가 동사 앞에 온다.

(Asher 1994: 82)

이 어족은 투르크어, 추바시어, 몽골어, 만주-퉁구스어로 분류되며, 35개 이상의 친족 언어와 수많은 방언이 존재한다.

표 1. 알타이어 계통도

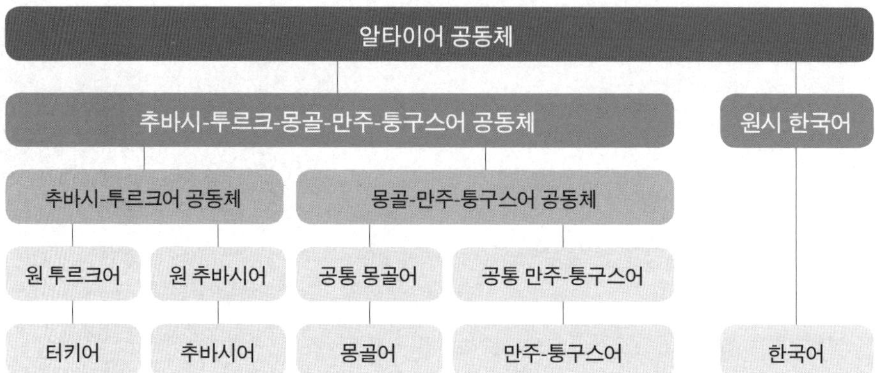

(Poppe 1965: 147)[1)]

알타이어족 중 가장 동쪽 지역에 분포된 어족이 만주-퉁구스어족이다. 만주-퉁구스어족은 퉁구스어계, 아무르어계, 만주어계로 분류된다. 퉁구스어계에는 에벤키(Evenki)어, 에벤(Even)어, 네기달(Negidal)어, 솔롱(Solong)어가 있다. 아무르어계에는 나나이(Nanai)어, 울치(Ulchi)어, 우데게이(Udegei)어, 오로치(Orochi)어, 울타(Ulta)어로도 불리는 오로키(Oroki)어가 있다. 만주어계에는 만주(Manchu)어와 중국에 남아있는 시빈(Sibin)어가 있다.

일반적으로 만주-퉁구스어족의 언어들은 어휘 구조뿐만 아니라 문법 구성에서 상당한 유사성을 보인다. 만주-퉁구스어 연구자들 사이에 일치된 의견은 이들 언어들이 하나의 뿌리에서 퉁구스어족과 만주어족으로 분화되었다는 것이다(Vinogradov 2005: 129).

---

1) 한국어가 알타이어 공동체에 속하는가에 대해선 논란이 있다. Ramstedt, Poppe, 이기문 등으로 이어지는 전통적 알타이어 가설은 새로운 도전에 직면해 있다. 본서는 퉁구스어 중 하나인 에벤어를 구조적으로 분석하여 한국어와 형태적, 어휘적 유사성이 있는지 밝히어 한국어와 퉁구스어 관계의 가능성 연구에 단초를 제공하고자 한다.

표 2. 만주-퉁구스어족 계통

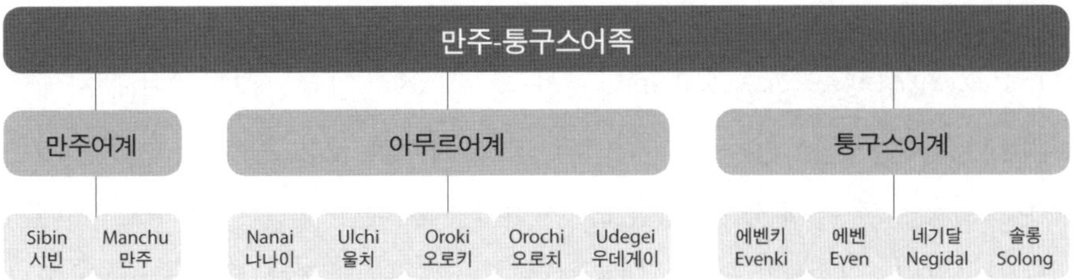

아무르어계는 만주어족으로부터 분리되어 나온 언어들이다. 이 어족의 언어들은 아무르강 유역에서 만주어족과 퉁구스어족의 방언들이 혼합되어 생겨났다. 오로키어는 처음 아무르 주에서 형성되었다가 나중에 사할린 섬으로 이주한 민족의 언어이다(Neroznak 2002: 143-145). '골디'라고도 하는 나나이어를 사용하는 나나이족은 하바롭스크 변강과 연해주에 소수가 남아 있다. 나나이는 '땅', '사람', 또는 '원주민'이라는 뜻이다. 이들은 '하류에서 사는 사람들'이라는 뜻으로 '헤데나이-헤덴'이라고도 하였다(Isayev 1977: 121-122).

일반적으로 퉁구스어, 특히 에벤키어와 에벤(라무트)어에는 원시 알타이어의 장모음들이 일관되게 보존되어 있다(Asher 1994: 83). 또한 퉁구스어는 모음의 원순성 조화를 포함하여 모음과 자음의 조화를 가지고 있다. 어두와 어말에는 자음 무리가 올 수 없다. 어두에서 자음 /r/은 허용되지 않는다.

형태적으로 교착적 접미사화가 규범이다. 문법적 성은 존재하지 않는다. 단수와 복수에서 동일한 격 접미사를 갖는다. 격 접미사는 8~14 개를 가진다. 형용사는 별개의 형태적 범주를 갖지 않는다. 동사 어근은 변화하지 않는다.

통사적 구조에서는 접속사를 이용한 문법적 종속 구문 대신 부동사로 이루어진 병렬 구문만 가진다. 부정 구문은 부정 조동사 e-(북부), a-, a-n-(남부)에 의해 표현된다. 남부에서는 부정 소사가 본동사 뒤에 위치하여 그것과 결합한다. 이러한 부정 구문은 투르크, 몽골, 한국어, 일본어에서도 발견된다.

서쪽의 예니세이강으로부터 동쪽의 오호츠크해에 이르는 광대한 지역의 북위 55도와 70도 사이에 퍼져 있는 퉁구스어족은 북부와 남부 두 그룹으로 분류된다. 북부 그룹에는 에벤키인과 에벤인이 있다. 에벤키인은 예니세이 동부, 바이칼호 동부에서 아무르강 분지 지역, 만주 북부 지역에 산재한다. 에벤인은 야쿠트인과 에벤키인의 정착 지역과 오호츠크해 사이에 거주한다. 이들은 북쪽에 유카기르인, 축치인과 이웃해 있고, 남쪽으로는 에벤키인, 아르만인, 네기달인과 맞닿아 있다. 아무르강 분지와 송화강, 우수리강 하류에 나나이인이 살고 있다. 그 남쪽으로 울치인, 오로치인, 오로키인, 우디게이인이 1,500명 정도의 작은 규모로 발견된다(Asher 1994:2357).

퉁구스어족은 신석기 시대 바이칼 유역에 처음으로 나타났다. 퉁구스어족의 조상들은 기원 후 초기 시대에 바이칼 유역 남쪽에서 동쪽으로 이주한 것으로 보인다. 그때부터 이들은 순록을 길들이기 시작하여 사냥과 순록 유목을 전통적 경제 수단으로 만들었다. '퉁구스'라는 명칭의 어원은 중국어로 '동쪽 오랑캐'라는 의미의 'tun-gu'(東胡)가 러시아어로 차용(V. V. Ušnitskij 2012:54)되었다는 주장이 신빙성이 있어 보인다.

에벤인들은 주로 하바롭스크 지역, 오호츠크 지역, 야쿠티야, 추코트 반도 지역에 산재해 있다. 에벤인은 퉁구스-만주 민족의 북동부 계열로서 고아시아 민족 계열의 축치와 코략족 그리고 야쿠트인과 에벤키인들과 이웃하며 접촉해 왔다. 에벤인은 1만-1만2천 명 정도가 있다.

'에벤'이라는 명칭은 스스로 일컫는 이름이었다. 올스크(Olsk)와 비스트린스크(Bystrinsk) 지역의 에벤인들은 스스로를 '오로치(orochi)'라고 부른다. 복수로는 orochil 또는 orochel이다. 이것은 '순록의'라는 뜻이다. 즉 사육순록을 뜻하는 형용사로 '순록(oron)'에서 파생된 것이다. 니즈니콜림스크(저지대 콜리마) 지역의 에벤인들은 'ilkan bej'(진짜 사람, 어른)라고 불리었다. 동부 에벤 사람들에 대해서는 1930년대까지 '퉁구스'라는 명칭이 널리 통용되었다(Neroznak 2002: 273).

에벤 사람들에 관한 이야기를 러시아 탐험가들이 제일 처음 들은 기록은 17세기 30-40년대였다. 그들은 야쿠츠크에서 태평양 연안으로 가는 길에 그들을 만났다. 탐험가들은 그들을 라무트인이라 불렀다. 이것은 에벤키어로

'바닷가 사람'이란 뜻이다. '라무'(lamu)는 에벤키어로 '바다'를 의미한다. 여기서 바다는 오호츠크와 베링해, 그리고 태평양과 북빙양을 가리킨다. 에벤(*eßen* ~ *eūn*, 복수로는 *eßesel* ~ *eūšel*)이란 명칭은 오호츠크, 스레드니콜림스크 등지의 지역에서 널리 쓰였다. 오늘날 이 명칭이 공식 이름이 되었다. 이 명칭의 어원은 동사 *eß-dej* '내려가다, 내려오다'라는 단어에서 유래된 것으로 추정된다. 특히 순록을 몰고 산비탈을 타고 오르내리는 순록치기들을 가리키던 말이었을 것이다(Cincius 1947: 5-6).

에벤어 연구 역사

에벤어는 퉁구스-만주 어족의 하나로 북부 계열을 대표한다. 북부 계열에는 에벤키어, 네기달어, 솔롱어가 포함된다. 함께 퉁구스어라 분류되었던 에벤키어와는 아주 가깝다. 사하 공화국에 펴져 있는 에벤어는 2개의 주요 방언으로 분류된다.

1. 동부 방언: 콜리마-오몰론스크(스레드네콜림스크 울루스), 올스크, 캄차카, 오호츠크, 베르흐네콜림스크(스레드네칸스크 울루스), 인디기르스크(몸스크 울루스), 톰폰스크 울루스
2. 서부 방언: 사르크르스크, 불룬스크, 지간스크 울루스, 우스탸스크 울루스의 라문힌스크와 유카기르스크.

에벤 문학어는 올스크 지역의 동부 방언을 기반으로 하고 있다. 동부 지역의 방언들은 서로 아주 가깝다. 오호츠크, 인디기르스크, 비스트라야 등지의 방언들 사이에 음성적, 형태적, 통사적 차이가 있지만 소통에 장애를 줄 정도는 아니다(Cincius 1947:7-8).

에벤어 연구는 친치우스(V.I. Cincius) 교수의 "에벤어 문법 개론"(Očerk grammatiki evenskogo(lamutskogo) jazyka, 1947)으로부터 시작된다. 이후 오호츠크 방언에 관한 레베데프(V. D. Levedev)의 연구(1982), 레베데

바(E.P.Levedeva), 콘스탄티노바(O. A. Konstantinova)와 모나호바(I. V. Monaxova)의 저서(1985), 노비코바(K. A. Novikova), 글라드코바(N. I. Gladkova)와 로벡(V. A. Robbek)의 저서(1991)가 있다. 사전으로는 친치우스와 리쉐츠(L. D. Rišec)의 사전(1952)과 로벡(V. A. Robbek)과 로벡(M. E. Robbek)의 사전(2005) 등이 있다. 최근에는 김주원(2011)과 아랄로바(N. Aralova)(2015), 벨롤류스카야(2005)의 연구들이 있다. 이 분야에서 가장 괄목할 만한 업적은 퉁구스-만주어에 관한 비교 역사 연구에서 이루어졌다. 친치우스는 "퉁구스-만주어 비교 사전"(1975, 1977)을 출판하였다. 두 권으로 된 이 사전은 퉁구스-만주어뿐만 아니라 알타이 제어의 연구에 획기적인 기여를 한 것으로 평가된다.

에벤어의 형태와 구조

제2장
음성적 특성

토폴리노예 마을의 순록 축제

제2장 음성적 특성

2.1 모음 음소

에벤어에 관해서는 친치우스(1947), 친치우스와 리쉐츠(1952), 레베데프(1982), 노비코바와 글라드코바와 로벡(1991), 네로즈나크(2002), 비노그라도프(2005)의 연구가 있다. 최근에는 베료조프카(Berezovka) 방언을 기반으로 하는 목동의 음성을 녹음하여 음성 분석을 시도한 김주원(2012)의 연구와 모음조화에 관한 아랄로바(2015)의 연구도 있다. 이러한 연구들에도 불구하고 에벤어의 모음 기술에는 여전히 어려움이 있다. 이러한 문제를 해결하고자 오호츠크 에벤 출신으로 북동연방대학교의 에벤어 교수인 벨롤륩스카야 교수의 음성을 녹음하여 이를 praat 시스템으로 분석하였다. 벨롤륩스카야 교수는 오호츠크 출신으로 오호크츠와 오이먀콘 지역 방언을 보유한 모국어 화자이며, 야쿠트어나 러시아어의 영향을 구분해낼 수 있는 전문가이다. 이 데이터 분석을 기반으로 에벤어 모음 체계를 수립하였다. 이것을 에벤어 문학어를 기반으로 만들어진 에벤어 사전 Robbek & Robbek(2005)에서 확인된 어휘의 최소대립쌍들과 대조하여 모음의 음소체계를 검증하였다(Kang & Byun 발표예정).

표 1. 에벤어의 모음 음소 체계

	전설	중설	후설
고-긴장	i: i		u: u
고-비긴장	ɪ: ɪ		ʊ: ʊ
중-고-긴장	**ʲe**		**ɔ: ɔ**
중-저-긴장		**e: e**	
저-비긴장	**ʲa**	**a: a**	**o o:**

(Kang & Byun 발표예정)

2.1.1 모음 /i/와 /ɪ/

모음 /i/와 /ɪ/는 전설 고모음이다. 친치우스는 이것을 장단으로 구분하여 장모음이 아주 긴장된 모음으로 들린다고 하였다(Cincius 1947: 15). 그러나 장모음이 모두 긴장된 소리는 아니다. 장모음이 비긴장 모음으로도 발음될 수 있다. 반면에 단모음도 긴장음이 될 수 있다.

그림 1. 긴장모음 /i/와 비긴장모음 /ɪ/

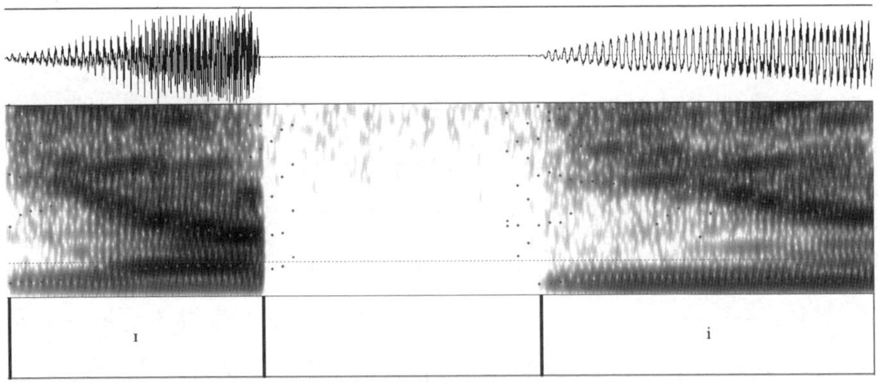

앞의 그림은 비긴장모음 /ɪ/와 긴장모음 /i/를 비교한 스펙트로그램이다. 스펙트로그램 맨 아래 부분에 가로선처럼 굵게 보이는 곳이 모음의 F1을 나타낸 것이다. 그림에서 보듯이, 모음 /i/의 F1이 모음 /ɪ/의 F1보다 낮게 형성되어 있다.[1] 이것은 모음 /i/가 조음될 때 모음 /ɪ/에서보다 혀가 더 긴장되어 있음을 보여준다.

비긴장 모음 (lax) /ɪ/	긴장 모음(tense) /i/
ɪs-sa-n '다다랐다(3 단 과)'	is-se-n '수놓다, 뽑다;구역질나다(3 단 과)'
ɪr-ra-n '끌었다(3 단 과)'	ir-re-n '다 끓다; 익다(3 단 과)'
dalɪlan '그의 주위에'	i-dej '들르다; 부수다'
gɪrad-da-n '자르다(3 단 과)'	girkut-te-n '퍼지다, 깔리다(3 단 과)'
gɪrka-n '걷다, 행진하다(3 단 현)'	girke '친구'
targɪda '저쪽에서'	ergide '이쪽에서'
ɪrdaj '끌다'	irdej '익다'

단모음-긴장	장모음-긴장
in-dej '끌다, 지고 가다'	iːn-dej '살아있다'
in '짐'	iː-n '들어왔다'
ili '어디서?'	iːliː '들러라'

에벤어에서 문자 ы가 이용되는 경우가 있다. 이것은 주로 치음 /d/ 뒤에서 나타난다. 그 이유는 자음 /ǯ/에 대한 철자가 없어 철자 ди(di)로 발음 [ǯi]를 나타내기 때문이다. 문자 ы는 러시아어에서 모음 [ɨ] 발음을 나타내지만, 에벤어에서는 치음 /d/와 치경구개음 /ǯ/를 구분하기 위한 기호로 사용되고 있다.

дыл /dil/ '머리'

дылгос /dilgos/ ~ дилгос /ǯilgos/ '곰'

диликис /ǯilikis/ '산양가죽'

1) 영어의 경우, 긴장모음(tense vowel) /i/는 이완모음(lax vowel) /ɪ/ 보다 조음점이 높아 F1 값이 낮게 나타난다(Ladefoged & Johnson 2011:193).

예외적으로 /t/, /h/ 뒤에서 문자 ы가 발견되나 이것은 차용어휘 등에서 극히 예외적으로 쓰인 경우로 실제 소리는 /i/이다.

тыква /tikßa/ '호박' хыңак /hiŋak/ '미끄럼나무'

에벤어의 모음 /i/의 조음 위치는 전설모음이지만 노어나 영어의 [i]보다 약간 뒤에서 조음된다. 조음 위치상으로는 한국어의 /i/와 유사하다.[2] 한국어 모음 /i/ 앞에서 자음 /s/는 [š]로 발음된다. 이것은 한국어의 모음 /i/의 조음 위치가 약간 뒤로 물러나 있기 때문이다. 그래서 한국어에서 치음과 결합한 /si/는 치경음 [ši]로 발음된다. 에벤어에서도 모음 [i] 앞에서 치음 /d/, /t/, /s/는 발음되지 못한다. 에벤어에서 모음 /i/ 앞에 자음 /d/, /t/, /s/가 나오는 경우는 대부분 노어에서 차용된 어휘들이다.

2.1.2 모음 /ʲe/ - /ʲe:/ - /e/ - /e:/

/ʲe/는 전설 중모음으로 앞 자음을 연자음화한다. 이것은 음성적으로도 이중모음이다. /e/는 중설 중모음으로 앞 자음이 경자음으로 발음된다. 이들 모음들은 음성적으로 장단의 구분이 있지만, 음소적으로는 대립 관계에 있지 않다.

---

2) 국어의 중앙방언 자료에서 'ㄷ' 구개음화가 분명하게 나타나는 시기는 18세기의 30년대 전후이다(송민, 1986: 74-75). 구개음화에 따라서 현대 국어에서 치음 /d/나 /t/ 뒤에 전설모음 /i/가 결합되면 치음 /d/나 /t/가 구개음/ʒ/나 /č/로 그 음가가 변화되므로 치음을 유지하기 위해 '잔듸', '라듸오'와 같은 고형의 표기가 사용된 적이 있다. 현대 한국어에서 이 표기는 '잔디', '라디오'로 적지만 구개음화가 일어나지 않는 예라고 할 수 있다.

그림 2. 스펙트로그램 /e/ - /^{j}e/

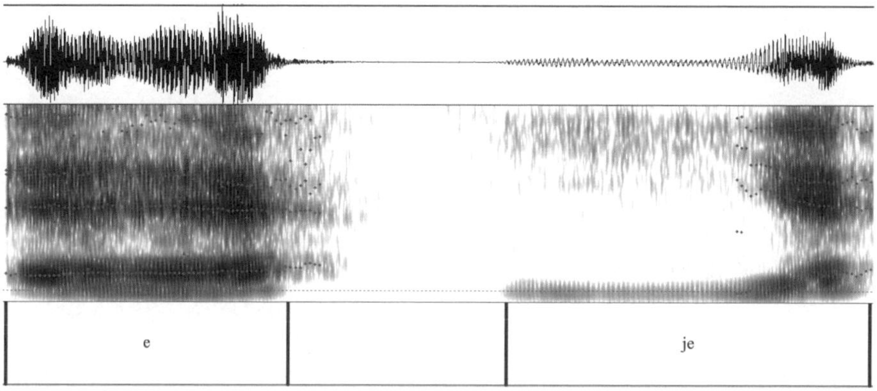

모음 /e/-/^{j}e/는 /a/-/^{j}a/와 마찬가지로, 단모음과 이중모음의 차이로 보인다. 스펙트로그램에서 보듯이, 이 두 모음의 차이는 이중모음 /^{j}e/의 앞부분에서 나타난다. 단모음 /e/는 F1, F2가 일정하게 유지되는 반면에, 이중모음 /^{j}e/는 앞부분에서 전이구간이 나타난다. 즉, 고모음 [i]와 비슷한 음가를 갖는 이중모음 [j]가 발음되는 앞부분에서 고모음 [i]처럼 F1이 낮고, F2가 높게 형성되는 것을 볼 수 있다. 그러나 이후 모음의 안정 구간에서는 단모음 [e]와 유사한 F1, F2를 보여준다.

/^{j}eke/ '솥' ------- /eke:/ '언니, 아줌마'
/etk^{j}e:/ '장인, 시아버지' ------- /etke/ '(토템) 숫곰'
/eken/ '누나, 아줌마' ------- /^{j}eken/ '(토템) 출발'
/k^{j}e:ken/ '휘파람' ------- /ke:ki/ '(토템) 곰'
/^{j}eče:n/ '팔꿈치' ------- /eči:n/ '그렇게'
/ńe:ndej/ '녹다' ------- /ńendej/ '짐승을 죽이다'
/de:i/ '위의' ------- /dei/ '강변의'
/eńin/ '어머니' ------- /e:rin/ 값
/h^{j}e:dej/ '나타나다, 자라다' ------- /emdej/ '오다'
/m^{j}edej/ '길을 잃다' ------- /eßdej/ '내려가다'

/egden/ '대부분' ------- /e:ripči/ '비싼, 귀중한'

모음 /e/는 규정하기 매우 어려운 위치에서 조음되는 모음이다. 강세 음절에서 멀리 떨어져 있는 음절에서는 매우 약화된 소리로 [ə]에 가깝게 들릴 수 있지만, 중모음으로서의 기본 조음을 잃지는 않는다.

2.1.3 모음 /ʲa/ - /a/

모음 /ʲa/는 전설 저모음이다. 이 모음은 전설성을 내재하고 있기 때문에 앞 자음을 음성적으로 연자음화한다. 친치우스(1947: 16)는 이것을 이중모음적 (diphthongoid) 특성이라고 하였다. 이에 대응되는 모음 /a/는 중설 저모음으로 /ʲa/와 대립 관계에 있다. 친치우스(1947: 16)는 모음 /ʲa/가 항상 장모음으로 발음된다고 한다.

그림 3. 스펙트로그램 /a/ - /ʲa/

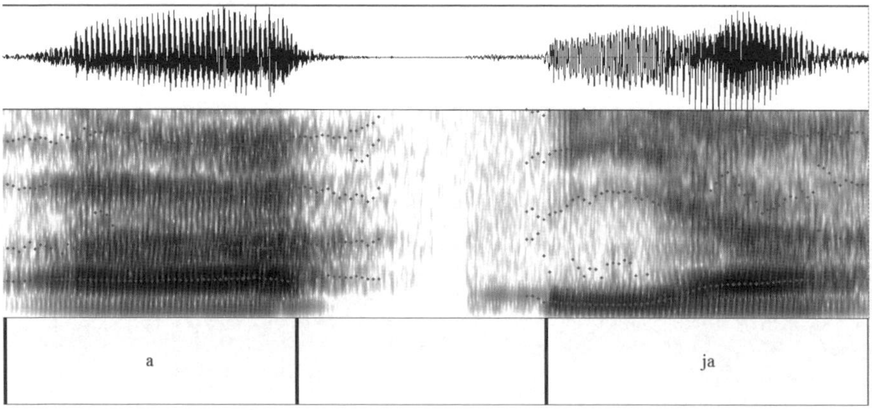

모음 /a/ - /ʲa/는 단모음과 이중모음의 차이로 볼 수 있다. 이런 차이는 다른 여러 언어에서도 찾아 볼 수 있다. 스펙트로그램에서 보듯이, 이 두 모음의 차이는 이중모음 /ʲa/의 앞부분에서 나타난다. 단모음 /a/는 F1, F2가 일정하게 유지되는 반면에, 이중모음 /ʲa/는 앞부분에서 전이구간이 나타난다.

즉, 고모음 [i]와 비슷한 음가를 갖는 이중모음 [j]가 발음되는 앞부분에서 고모음 [i]처럼 F1이 낮고, F2가 높게 형성되어 있다. 이후 모음의 안정 구간에서는 단모음 [a]와 유사한 F1, F2를 보여준다.

/g^{j}a/ '다른, 두 번째의' ------- /ga:/ 헥타르
/m^{j}an/ '10' ------- /ma:n/ '살해, 노획물'
/m^{j}andaj/ '놀래다, 흥미를 가지다' ------- /mandaj/ '끝내다, 다 먹다'
/b^{j}a:/ '바다동물 서식지' ------- /ba:/ '무대, 수평선'
/ńam/ '활시위, 따뜻한' ------- /nam/ '바다'
/ńada/ '늦은' ------- /na:da/ '필요하다'
/h^{j}adaj/ '씹다' ------- /hadaj/ '알다'
/h^{j}alta/ '추위' ------- /halan/ '학자, 지식인'

반면에 모음 /a/는 환경에 따라 이음을 갖는다. 친치우스(1947: 17)는 첫 음절이 아닌 위치에서 약화된다고 한다.

/olra/ [olrɑ] '물고기'
/adal/ [adɑl] '그물'
/bakaldar/ [bakɑldɑr] '만났다'
/ma:daj/ [ma:dɑj] '죽이다'
/aßaʒak/ [aßɑʒɑk] '목욕탕'
/u^{j}amkan/ [ujamkɑn] '암 산양'

(Cincius 1947: 17)

Robbek & Robbek의 에벤어 사전(2005)에서도 이런 위치의 모음 /a/를 å로 나타내어 구분하고 있다. 그러나 이것은 조음상 약화되는 것일뿐 기능적으로 의미있는 역할을 하는 것이 아니다.

모음 /a/는 장단에 관한 대립을 보여주는 최소대립쌍을 갖는다.

/aj/ 좋은 - /a:j/ 뭐?

/alik/ 그릇 - /a:lik/ 아주 빨리, 이미

kuma '바다표범'의 경우, 친치우스(1947:17)는 장모음 [a:]라고 했지만, Robbek & Robbek에서는 장모음 표시가 없다. 이와 같이 장단의 구분이 음소적으로 의미가 있지만, 방언에 따라 조금씩 차이를 보이고 있다.

2.1.4 모음 /u/ - /u:/ - /ʊ/ - /ʊ:/

모음 /u/와 /ʊ/는 후설 고모음으로 원순모음이다. 이 모음도 /i/, /ɪ/와 같이 긴장성과 장단으로 대립한다.

단모음-비긴장	단모음-긴장
ʊl-daj '적시다'	ul-dej '파다'
dʊrbańa '흰'	dur-re-n '탄다(3 단)'
ʊdan '비'	hud-de-n '(바람이) 분다(3 단)'
tʊldar-ra-n '찢어지다(3 과 단)'	bulen-dule '적에게'
tʊkar '먼지, 쓰레기'	ul-en '던졌다(3 과 단)'
dʊlakan '가운데'	unŋe '냄새'

단모음-바긴장	장모음-비긴장
ʊdan '비'	ʊ:d-an '(순록) 위에 앉게 하다'
ʊl-an '적시기'	ʊ:l-an '(순록) 위에 잘 앉는 사람'
ʊl-daj '적시다'	ʊ:l-daj '비를 쫓아내다'
hʊld-an '그의 이불'	hʊ:ld-an '썰매 타기'

단모음-긴장	장모음-긴장
uled-den '판다(3 단)'	hu:d-den '(바람이) 분다(3 단)'
usi '굴레'	u:si '오래된'
unŋe '냄새'	hu:nŋe '바람'
unŋelken '냄새로'	hunŋelken '바람의'

그림 4. 스펙트로그램 /u/ - /ʊ/

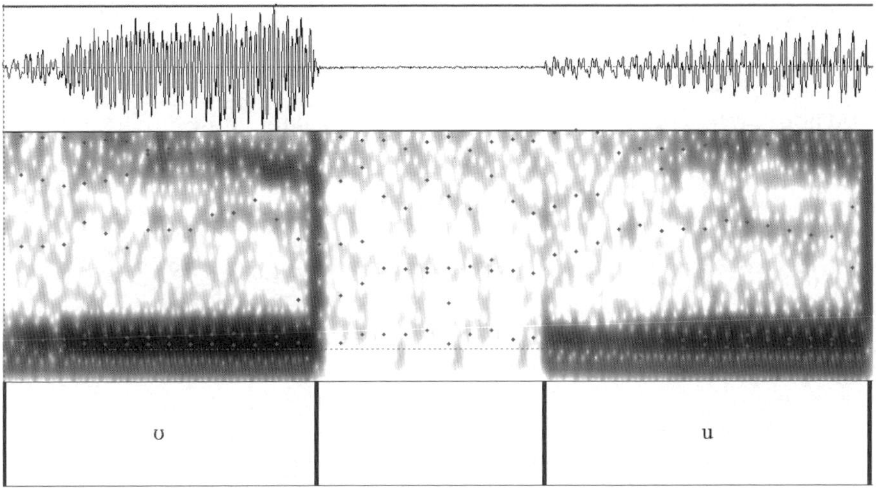

위의 그림은 긴장모음 /u/와 비긴장모음 /ʊ/를 비교한 스펙트로그램이다. 앞서 긴장모음 /i/와 비긴장모음 /ɪ/의 비교에서 F1이 차이나는 것처럼 긴장모음 /u/와 비긴장모음 /ʊ/도 F1이 차이를 보인다. 그림 2의 스펙트로그램을 보면, /i/-/ɪ/의 비교처럼 F1이 확연하게 차이가 나지는 않지만, 모음의 시작과 끝부분에서 긴장모음 /u/의 F1이 낮다는 것을 알 수 있다. 에벤어에서 F1은 긴장모음 /i/, /u/와 비긴장모음 /ɪ/, /ʊ/가 서로 다른 모음 음소라는 것을 입증한다.

2.1.5 모음 /o/ - /o:/

모음 /o/와 /o:/는 후설 저모음으로 비긴장모음이다. 이 모음에서는 장단의 대립만 보인다.

/o:n/ '어떻게'	-------	/on/ '만듬'
/o:ǯan/ '(바다의) 만'	-------	/oǯa:n/ '절약'
/o:g/ '통'	-------	/og/ '멜로디'

/go:ran/ '새의 털갈이'	-------	/goran/ '먼곳'
/do:lbadaj/ '가득 채우다'	-------	/dolbadaj/ '밤이 됨'
/o:ldaj/ '일하기 시작하다, 만들다'	-------	/oldaj/ '(무서워) 떨다'
/o:lan/ '장인, 마스터'	-------	/olan/ '놀라움, 전율'
/o:daj/ '하다'	-------	/odan/ '종료, 끝'
/o:ča/ '만든; 작품'	-------	/oran/ '순록'
/ko:ka/ '아이'	-------	/koka/ '이끼의 변종'

2.1.6 모음 /ɔ/

모음 /ɔ/는 철자 ɵ로 표시된다. 친치우스 (1947:18)는 장모음 /e:/의 앞 음절에서 장모음 /u:/의 이음인 이중모음으로 발음되며, 방언에 따라 [o]에 가까운 [u]로, 또는 [u]에 가까운 [o]로 발음된다고 하였다. Robbek & Robbek (2005)에서도 тɵкэр /tɔ:ker/와 тукэр /tu:ker/ '쇄골' 둘 다 맞는 것으로 인정하고 있다. 이 모음은 음성 스펙트럼으로 분석한 결과 후설 원순모음으로 고위모음 /u/와 /o/ 사이에 조음되는 비긴장모음으로 나타난다.

그림 5. 모음 /o/ - /ɔ/의 스펙트로그램

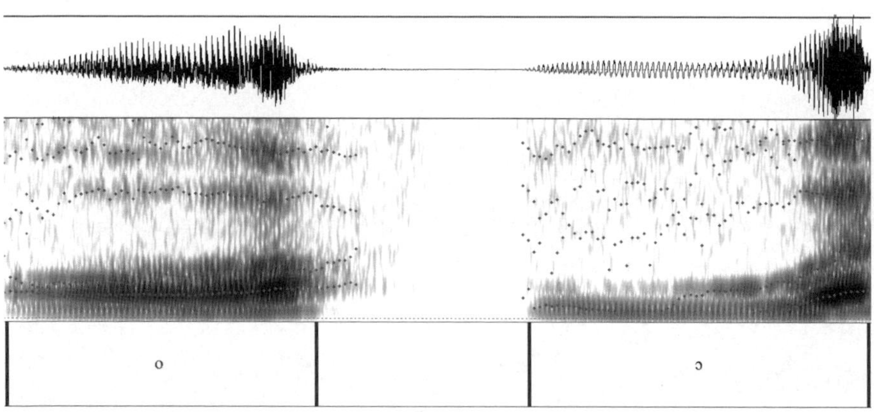

모음 /ɔ/는 이중모음으로 오해될 소지가 있다. 앞서 /ʲa/, /ʲe/에서 보았듯이, 모음 /ɔ/의 스펙트로그램에서도 전이구간이 나타나 /ʲa/, /ʲe/와 같은 이중모음으로 간주될 수도 있다. 그러나 일반적으로 모음 /ɔ/는 이중모음이 아닌 단모음으로 분류되어야 한다.

모음 /o/ - /ɔ/는 매우 비슷한 위치에서 조음되는 소리들이다. 대개 후설모음은 F1과 F2가 가깝게 위치하고 있어서 스펙트로그램에서 이 둘을 구분하기 어려울 때가 있다. 위의 그림에서도 F1과 F2가 매우 가깝게 위치해 있어서 구분하기는 힘들지만, 자세히 살펴보면 /ɔ/의 F1이 모음 /o/보다 낮다는 것을 볼 수 있다. 이는 모음 /ɔ/가 모음 /o/보다 높은 위치에서 조음된다는 것을 의미한다. 즉, 모음 /ɔ/의 조음 시 혀의 위치가 모음 /o/의 조음점보다 높다는 것을 의미한다. 이 두 모음이 긴장성에 의해 구분된다는 것은 다음 첫 번째와 두 번째 예의 모음조화가 보여준다. 즉 /ɔ/는 긴장모음이고, /o/는 비긴장모음이다.

/ɔren/ '즐거움' ------ /oran/ '순록'
/ɔstej/ '뽑다' ------ /ostaj/ '물러나다'
/ɔ/ '가죽 무두질용 빗' ------ /uː/ '천막에서 난로 분리용 막대기'
/ɔleːk/ '사기꾼' ------ /ulek/ '바닷가 풀; (식물성) 빨간 물감'
/ɔleːn/ '끓이는 것, 양조' ------ /uleːn/ '던지기'
/ɔlen/ '폭포' ------ /ulen/ '파내기'
/tɔri/ '곰 가족; (경주용) 큰사슴 암수' ------ /toːri/ '신부 지참금'
/tɔːr/ '땅' ------ /tɔr/ '천막 받침'
/ɔːm/ '서캐' ------ /ɔm/ '갑상연골'
/ɔj/ '위' ------ /oj/ '옷'
/mɔː/ '물' ------ /moː/ '나무'

2.2 자음 음소

표 2. 에벤어의 자음 음소 체계

방법 \ 위치		양순음	순치음	치경음	치경-구개음	연구개음	후두음
비지속음	파열음	p b		t d		k g	
	파찰음				č ǯ		
	비음	m		n	ń	ŋ	
지속음	마찰음	ß		s			h
	설전음			r			
	설측음			l			
	전이음				j		

에벤어에서 자음 음소는 18개이다. 에벤어 자음을 특징짓는 자질 가운데 중요한 것은 [지속성](continuant)이다. 이것은 음절 구조에서 중요한 역할을 한다. 이 자질을 기준으로 비지속음이 12개, 지속음이 6개이다.

비지속음은 무성자음(voiceless), 유성자음(voiced), 비음성(nasality)으로 대립되는 4개의 그룹으로 나누어진다.

p – b – m
t – d – n
č – ǯ – ń
k – g – ŋ

지속음 6개는 마찰음, 설측음, 설전음과 전이음으로 구분된다.

마찰음: ß, s, h
설측음: l
설전음: r

전이음: j

혁명 후 혼란기를 거치면서 에벤어에 5개의 자음 /f/, /z/, /š/, /ž/, /x/가 더 유입되었다. 이것들은 마찰음으로 짝을 이룬다.

/f/ – /v/, /s/ – /z/, /š/ – /ž/

노어로부터 파찰음 /c/가 도입되었다. 노어의 또 다른 파찰음 /č/가 에벤어의 /č/와 동화되었다. 에벤어의 치경자음과 노어의 연자음 간에 상관 관계가 다음과 같이 형성되었다.

에벤 /č/ --- 노어 /t'/ 에벤 /ǯ/ --- 노어 /d'/
에벤 /ń/ --- 노어 /n'/

개별 자음들은 다음과 같은 속성을 갖는다.

/p/ 양순 폐쇄 무성자음

/pasi:be/ '감사합니다' /hegep/ '담비' /iptar/ '가볍다'
/kilʲep/ '빵' /bipke/ '단단한, 강한'

/b/ 양순 폐쇄 유성자음

/bisi/ '존재하는; 상태' /bi:/ '나' /habdaj/ '눈이 멀다, 잘 안 보이다'

/m/ 양순 폐쇄 비음

/mɔ/ '물' /nam/ '바다' /kuma/ '바다표범'

/ß/: 양순 마찰 유성자음
이 자음은 순치음 /v/, 양순음 /b/와 구별된다.

/kabeß/ '자고새' /eßen/ '에벤 사람'
/aßlan/ '평지, 풀밭'

이 자음은 어두에서 사용이 제한된다. 어두에서 사용되는 경우는 의성어나 노어에서 차용된 어휘들 뿐이다.

/ßak-ßak/ '까악까악(까마귀 소리)' /ßi:lke/ '포크'

/t/ 폐쇄 무성 치경음

/tem/ '뗏목' /det/ '툰드라' /ataki/ '거미'

/d/ 폐쇄 유성 치경음

/dolba/ '밤' /adal/ '그물' /gʲed/ '창끝'

/n/ 폐쇄 비음 치경음

/no:d/ '아름다운' /o:n/ '어떻게' /u:ndej/ '녹다'

/s/ 마찰 무성 치경음
한국어의 /s/ ('ㅅ')과 유사하다.

/bɔkes/ '얼음' /asi/ '여자' /hesse/ '발바닥'

어두에 /s/가 오는 경우는 노어로부터 차용된 어휘들 뿐이다.

/se:ne/ '값'(〈 R. цена) /se:ntere/ '센터' (〈 R. центр)

/l/ 마찰 설측 치경음

[-tense] 모음(a, o 등) 앞에서는 노어의 /l/과 유사하나, [+tense] 모음(e, ɔ) 앞에서는 서유럽어의 /l/과 유사하다(Cincius 1947: 22).

/alan/ '고갯길'	------	/elen/ '미개간지, 길이 나쁜 시기'
/olra/ '물고기'	------	/ulre/ 고기
/mo:la/ '나무에서'	------	/mɔle/ '물에서'
/amtil/ '아버지들'	------	/eńti:l/ '어머니들'

자음 /l/은 어두에 나타나지 못하지만, 예외적으로 차용어에서는 어두에서 허용된다.

/lampa/ '램프' /limon/ '레몬'

/r/ 설전 치경음

/bur/ '부싯돌, 섬' /oran/ '순록' /gurge/ '일'

자음 /r/도 /l/처럼 어두에 오지 못 한다. 다만 노어 차용어휘에서만 어두에 나타난다.

/ris/ '쌀' /rubl'/ '루블(러시아 화폐 단위)'

올스크, 오몰론스크 방언에서는 비음 /m/, /n/, /ŋ/과 설측음 /l/ 뒤에 /r/이 올 때는 그 사이에 치음 /d/가 삽입된다.

/keremri/ '검은털 여우' - [kerem**d**ri]
/nanra/ '가죽' - [nan**d**ra]
/kenre/ '구멍' - [ken**d**re]
/olra/ '물고기' - [oldra]
/ulre/ '고기' - [ul**d**re]

(Cincius 1947: 23)

/č/ 치경-구개 폐쇄 무성자음

파찰음화된 소리이다. 노어에서 /č/는 경구개자음으로 에벤어와 다르다. 오히려 한국어의 치경구개 파찰음 'ㅊ'과 가까운 것으로 보인다.

/čin/ '성스러운 나무'
/či:met/ '안경'
/a:čča/ 없다

/ǯ/ 치경-구개 폐쇄 유성자음

파찰음화된 소리로 한국어의 'ㅈ'과 가까운 것으로 보인다. 에벤어에 해당되는 자음 철자가 없다. 문학어에서는 자음 철자 д와 모음 철자 и, ю, я, ё, е의 결합으로 표기된다. 어말에서는 ь를 덧붙여 표기한다.

/ǯa/ '친척; 친구' /ǯu:/ '집' /ǯol/ '돌'
/ǯem/ '배고프다' /ǯiliki/ '담비' /uǯ/ '흔적'

/ń/ 치경 폐쇄 비음

노어의 /n'/은 연자음으로 경구개자음이지만, 에벤어의 /ń/은 연자음이 아니라 치경구개음이다(Cincius 1947: 23). 에벤 문학어에서는 철자 н과 и, ю, я, ë, e의 결합으로 표기된다. 어말에서는 ь를 덧붙여 표기한다.

/ńaman/ '온기, 따뜻함' /ńoten/ '태양' /ńunen/ '충고, 지시'
/ńis/ '행복, 성공' /m^{j}armań/ '10 부분으로'

/j/ 치경-구개 마찰 유성자음
전이음으로 노어의 /j/와 비슷하며, 철자 й로 표기된다.

/bej/ '사람' /kajki/ '해초'

어두나 모음 앞 음절에서는 철자 и, ю, я, ë, e에 의해 표기된다.

/^{j}a:sal/ '(사람의) 눈' /ujun/ '9' /aj/ '좋은'
/eŋe^{j}e/ '부유한' /ojil/ '옷들'

/k/ 연구개 폐쇄 무성자음

/keŋke/ '솥'
/eken/ '누이, 언니'
/teken/ '관목'
/ki:rič/ '딱다구리'
/atki/ '시어머니, 장모'
/erek/ '이것'
/etiken/ '노인'
/akan/ '형'
/etki/ '시아버지, 장인'

/g/ 연구개 폐쇄 유성자음

/got/ '(맛이) 쓰다'
/i:g/ '소리'
/g^{j}ed/ '창끝'
/i:ger/ '날카로운'

/tugeni/ '겨울'
/egǯěn/ '크다'
/gurgat/ '수염'
/o:g/ '넓적다리'
/turgun/ '빠른'

자음 /g/는 어말에서 또는 모음 사이에서 그리고 자음 앞에서는 대개 마찰 지속음 [ɣ]로 발음될 수 있다.

어말 에서: /tog/ [toɣ] '불'
모음 사이: /a:gin/ [ɑ:ɣin] '숫돌', /ereger/ [ereɣer] '항상'
자음 앞: /agdi/ [aɣdi] '천둥', /hagdi/[haɣdi] '낡은, 늙은'
/tu:gdej/ [tu:ɣdej] '(암소가 새끼를) 낳다'

(Cincius 1947: 25)

/ŋ/ 연구개 폐쇄 비음

/ŋal/ '손'
/oŋat/ '코'
/naŋ/ '올가미'
/eŋut/ '파'

/h/ 후두 마찰 무성자음

/h/는 후두음으로 에벤 문학어에서는 어두에서만 나타난다. 인디기르스크 방언에서는 어중과 모음 사이에서 /s/를 대체한다. 캄차카 방언에서는 어두에서 탈락한다(Cincius 1947: 25). 이 자음은 후두음으로 음절의 초성 위치에서만 나타나는 점에서 한국어의 'ㅎ'과 같은 조음적 특성을 가진다고 볼 수 있다.

/hama:n] '샤만'
/hi:/ '너(2인칭)'
/he:dej/ '나타나다, (태양이) 떠오르다'
/ha:daj/ '알다'
/heǯe/ '원무(춤)'
/ho:/ '매우; 강하다'

에벤어의 형태와 구조

제3장
형태음운적 특성

에벤족의 전통가옥

제3장 형태음운적 특성

3.1 교착어적 특성

에벤어는 다른 만주-퉁구스어들처럼 교착어이다. 조어와 조형적 측면에서 에벤어에는 접사의 기능이 중요하다. 이 접사들은 항상 어간 뒤에 붙는다. 에벤어에는 전치사가 없다. 반면에 후치사가 있다.[1]

에벤어는 접미사가 아주 많다. 이것들은 조어적으로나 조형적으로 특별한 기능을 갖고 있다.[2] 그러나 독립적으로 활용되지는 않는다. 접미사들은 일정한 순서에 따라 움직인다. 먼저 어근 뒤에 조어 접미사들이 온다. 그 뒤에 지대, 지소, 애칭 등을 나타내는 주관적 가치 접미사 또는 소속, 공유, 제한, 비교, 강화 등을 의미하는 논리적-문법적 관계의 접미사들이 온다. 그 다음 복수 접미사, 격 접미사, 소유 접미사가 온다.

동사의 경우, 명사에 조어 접미사가 붙어 파생된 동사 어간 뒤에 태와 상

1) 전치사가 없다는 점, 후치사가 발달된 점은 한국어와 공통적이다.

2) 에벤어에서 태와 상의 접미사들은 동사를 파생하는 조어 접미사이다. 반면에 시제, 법, 인칭 접미사는 문법적 기능만 추가하는 조형 접미사이다. 이 접미사들은 어미에 해당된다. 한국어에 인칭 접미사는 없지만, 에벤어 격 접미사는 어미로서 한국어의 격조사에 상응된다.

접미사가 온다. 그 뒤에 시제 또는 법과 인칭 지시소들이 온다. 단어는 의문, 연결, 불특정, 조건 등을 나타내는 소사들과 결합하여 하나의 음성 단위를 구성한다.

[명사 + 조어 접미사] ⇒ [동사]

[동사] + [조어 접미사] + [조형 접미사]

태/상 시제/법/인칭

단어는 다양한 의미의 접미사들을 포함할 수 있다.

예 *hetesminʒelduleten* '가죽으로 만든 그들의 큰 카누들을 타고'

이 단어는 7 개의 형태소로 구성된다.

즉, {hete-s-mi-nʒe-l-dule-ten}

hete-	-s-	-mi-	-nʒe-	-l-	-dule-	-ten
조어	조어	조어	조형 복	조형 처소	조형 소유	

a) hete- : 어근, '지방', 오호츠크 방언, '바다 짐승' 즉 '바다표범'

b) -s- : 조어 접미사, '짐승 가죽', 즉 '바다표범 가죽'

c) -mi- : 조어 접미사, '만들어진 것' 즉 바다표범 가죽 제품인 '카누'

d) -nʒe- : 조어 접미사, 지대 접미사, 즉 '큰 카누'

e) -l- : 조형 접미사, 복수 접미사 '들'로 3인칭 복수, 즉 몇 사람에게 소속된 카누

f) -dule- : 조형 접미사, 처소격, '큰 카누들에서'

g) -ten : 조형 접미사, 소유 의미, 즉 '그들의'

그림 1.

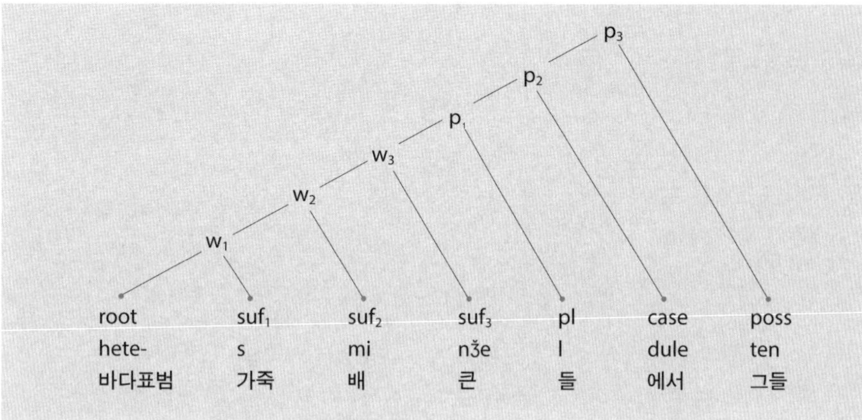

동사도 못지 않게 복잡한 형태를 가지고 있다.

예 *molaßkaččottan* '(그가) 장작을 가지러 보낼 것이다'

이 동사는 6개의 형태소로 구성된다.

{mo – la – ßkač – čot – ta – n}

조어	조어	조어	조형	조형
목적	기동	상	시제	인칭

1) mo- : 어근, 명사, '나무, 장작'
2) -la- : 동사 파생 접미사, 의미는 '무엇을 가지러 가다'
   mo-la- '나무를 가지러 가다'
3) -ßkač- : 축진태 접미사 {-ßkan-}의 변이형
   mo-la-ßkač- '나무를 가지러 (누구를) 보내다'
4) -čot-: 보통상 접미사 {-ßač-}의 음성적 변이형.
   mo-la-ßkač-čot - '보통 나무를 가지러 보내다'
5) -ta-: 직설법 현재시제 접미사
6) -n: 3인칭 단수

그림 2.

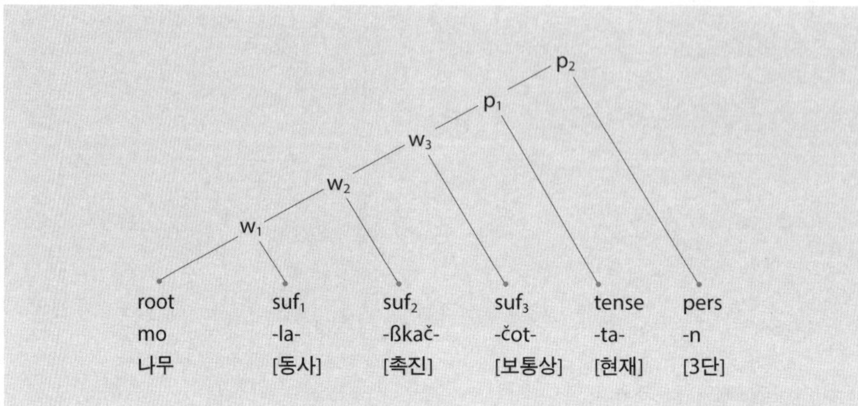

에벤어에서는 품사들이 투명하게 결합되지 않는 경우들이 많다. 그래서 단어의 변화가 교착형이라기보다 굴절인 것처럼 보이는 경우들이 있다.

예 *orkakardur* '자기의 순록으로'

이 어구는 6개의 형태소로 구성된다. 어구 안에서 형태소들은 음성적 재구성과 같은 현상들을 겪게 된다.

{oron + kan + kan + r + du + ßur}

oron	kan	kan	r	du	ßur
	조어 지소	조어 지소	조형 복	조형 여	조형 재귀

1) oron 〉 or- : 접미사 앞에서 -on의 탈락(-on- → ∅ /___+접미사)
2) kan- kan- : 지소 접미사의 중첩으로 마지막 자음 -n-의 탈락
   (-n- → ∅ /___ +접미사)
3) -r- : 어간이 n으로 끝날 때의 복수 접미사
4) -du- : 여격

그림 3.

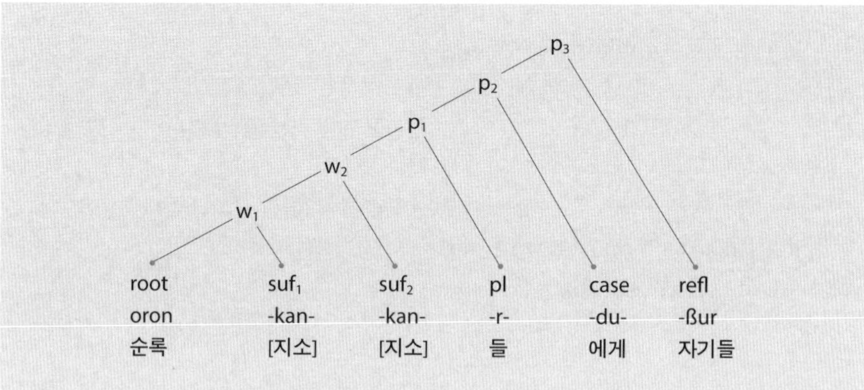

5) -ßur- : 복수 재귀 접미사로 앞의 여격 어미와 융합(-du-ßur 〉 du-r)
⇒ *or-ka-ka-r-du-r* '자기의 순록들로'

3.2 융합

형태적 관점에서 에벤어의 또 다른 특이성은 형태소의 융합에 있다. 예를 들어, *ičisemkeŋrer* '보게 했다'는 5개의 형태소로 구성된다. 이 단어가 생성되는 과정을 보면 형태소 경계에서 많은 융합 현상이 일어나는 것이 관찰된다.

단계 1:

*iče + san + ßkan + gara + ra

어근 '봄'	조어 동사	축진 태	과거 시제		3복 인칭	
↓	↓	↓	↓	↓	↓	
ø	e	e	e	e	e	모음 탈락과 모음 조화(긴장모음 i와 e)
-i-						모음 삽입
		↓	↓			
		m	ŋ			자음 동화 (ß>m, g>ŋ)

단계 2:

```
*ič + i + sen + muken + ŋere + re
           ↓        ↓
           ø        ø                  자음 탈락 (자음무리 회피)
                ↓        ↓      ↓
                ø        ø      ø      모음 탈락 (음절 구조 조정)
 ič + i + se  +  mke  +  ŋre  + r
⇒ /i–či–sem–keŋ–rer/
```

형태소들의 결합은 단순한 교착이지만, 위의 예에서와 같이 에벤어에서는 음운형태적 요인들의 상호작용으로 인해 복잡하다. 음운형태적 요인들 중 가장 중요한 것들은 다음과 같다.

1. 자음들의 융합과 탈락
2. 모음의 탈락, 이탈과 결합
3. 모음의 역행동화와 앞 자음에 대한 영향

에벤어에 가장 가까운 언어는 에벤키어이다. 이 언어에서 기본 형태소(어간, 어근)는 변하지 않는다. 접미사와 같은 형태소들은 모음조화와 자음의 순행동화에 따라 형태적 변화를 겪는다. 에벤키어에서 형태소 경계는 분명하다. 반면에 에벤어에서는 위에 언급한 음운형태적 변화로 인해 형태소 경계를 긋는 것이 어려운 경우가 자주 있다.

oron '순록'을 예로 비교해 본다.

격	에벤	에벤키
주	oron	oron
대	orom	oron-mo
탈	oroŋič	oron-ŋit

조	orońi	oron-ǯi
동반	orńun	oron-nun

(Cincius 1947: 12ft)

에벤키어에서는 위에 예를 든 모든 격에서 어간 *oron*이 그대로 유지되어 어간과 격어미 사이의 경계가 쉽게 구분된다. 에벤어에서는 어간이 주격 형태와 일치하지 않는다. 탈격과 동반격에서는 어간이 *{or-}*로 축소된다. 대격과 조격에서는 접미사의 첨부라기보다 어말 자음의 탈락을 보여준다. 에벤어에서는 유사한 형태들이 음운형태적 조건에 의해 제한되는 경우들이 있다. 특히 /n/으로 끝나는 어간을 가진 단어들의 격형태가 그렇다. 에벤어는 교착형 언어이지만 형태음소적 규칙이 매우 규칙적으로 작용하는 언어이다.[3)]

3.3 어휘 구조의 특성과 음성 규칙

에벤어의 기본적인 어휘 구조는 2 음절 CVCV이다. 이 구조에서 마지막 모음이 음성적으로 약화되거나 더 나아가 탈락되는 경우들이 있다. 이러한 현상은 형태부에서도 일어난다.

3.3.1 마지막 모음의 탈락

마지막 모음이 단모음이면 탈락하여 닫힌음절 구조를 갖게 된다.[4)]

---

3) 한국어에서도 이와 유사한 경우를 'ㅂ 불규칙'에서 찾아볼 수 있다.
gob-da 〉 gob+n 〉 gowu-n
곱다 　 곱+ㄴ 　 고운

4) 닫힌음절 구조는 에벤키어의 열린음절 구조와 대비된다.

에벤	에벤키
/gid/~/gʲed/	/gida/ '창끝'
/tog/	/togo/ '불'
/ŋaːl/	/ŋaːle/ '손'
/miːr/	/miːre/ '어깨'

CVCV 〉 CVC

이 어휘들의 어간 뒤에 자음으로 시작하는 접미사가 따라오면 탈락된 모음들이 다시 연결모음으로 나타난다.

{CVC} + V + {C}

/g^jed/ '창끝' - /g^jed-a-l/ '창끝들'
/ŋal/ '손' - /ŋal-a-l/ '손들'
/tog/ '불' - /tog-a-l/ '불들'
/mir/ '어깨' - /mir-e-l/ '어깨들'

(Cincius 1947: 27)

마지막 모음의 탈락은 동사 변화 패러다임에서 규칙적으로 일어난다. 직설법 현재시제 접미사 {-ra/-re}에서 이 뒤에 다른 아무 것도 오지 않는다면 마지막 모음 /a/와 /e/는 탈락한다. 직설법 현재시제에서는 시제 접미사 {-ra/-re} 뒤에 인칭 접미사가 붙는다. 그런데 복수 3인칭에는 인칭 접미사가 {ø}여서 아무 것도 더 붙지 않는다. 이 경우 마지막 모음이 되는 모음 /a/와 /e/는 탈락한다.

동사 직설법 현재 복수 1인칭 : {CV-} + {-ra/re} + {-r}
3인칭 : {CV-} + {-ra/re} + {-ø}

/ma-daj/ '죽이다' : {ma-ra-p} '우리가 죽였다' - {ma-r} '그들이 죽였다'
/ha-daj/ '알다' : {ha-ra-p} '우리가 알았다' - {ha-r} '그들이 알았다'
/gɔ:n-dej/ '말하다' : {gɔ:-ne-p} '우리가 말했다' - {gɔ:-n} '그들이 말했다'

/bi-dej/ '존재하다' : {bi-se-p} '우리가 존재했다' - {bi-s} '그들이 존재했다'[5)]

(Cincius 1947: 28)

동사 어간이 본래 CVCV 구조이나 에벤어 특유의 현상으로 마지막 모음이 탈락하여 CVC 구조가 된 동사들이 있다. 이런 동사들의 3인칭 복수형에서는 접미사 {-ra/-re}에서 모음 /a/와 /e/가 탈락하지 않는다. 대신 동사 어간에 활용되는 연결모음이 나타나지 않는다.

/bak-taj/ '발견하다' : hi bak-a-nri '네가 찾았다'
noŋartan *bak-ø-ra* '그들이 찾았다'
/hoŋ-daj/ '흐느끼다' : hi hoŋ-a-nri '네가 울었다'
noŋartan *hoŋ-ø-ra* '그들이 울었다'
/teg-dej/ '앉다' : hi teg-e-nri '네가 앉았다'
noŋartan *teg-ø-re* '그들이 앉았다'
/ŋen-dej/ '가다' : ŋen-e-nri '네가 갔다'
noŋartan *ŋen-ø-re* '그들이 갔다'[6)]

(Cincius 1947: 28)

5) 이것은 다음의 에벤키어 예와 비교하면 그 특성이 뚜렷하다.
/ßa-mi/ '죽이다' : {ßa-re-p} 현재 1 복 - {ßa-re} 현재 3 복
/sa-mi/ '알다' : {sa-re-p} 현재 1 복 - {sa-re} 현재 3 복
/gun-mi/ '말하다' : {gu-ne-p} 현재 1 복 - {gu-ne} 현재 3 복
/bi-mi/ '존재하다' : {bi-si-p} 현재 1 복 - {bi-si} 현재 3 복 (Cincius 1947: 28ft)

6) 이것은 다음의 에벤키어 예들과의 비교를 통해 그 차이를 확인할 수 있다.
/baka-mi/ '발견하다' : hi baka-nni '네가 찾았다'
noŋartan *baka-ra* '그들이 찾았다'
/soŋo-mi/ '흐느끼다' : hi soŋo-nri '네가 울었다'
noŋartan *soŋo-ra* '그들이 울었다'
/tege-mi/ '앉다' : hi tege-nni '네가 앉았다'
noŋartan *tege-re* '그들이 앉았다'
/ŋene-mi/ '가다' : hi ŋene-nni '네가 갔다'
noŋartan *ŋene-re* '그들이 갔다' (Cincius 1947: 28ft)

3.3.2 마지막 음절 모음의 장음화

두 번째 음절의 모음이 탈락하지 않는 경우가 있다. 이것은 모음이 장모음이기 때문이다.

/kuŋ-aː/ '아기'	/ku-maː/ '바다표범'
/be-beː/ '요람'	/te-tiː/ '때때옷'
/mo-miː/ '배'	/nu-kiː/ '화살'
/de-giː/ '새'	/hu-siː/ '백조'

이 현상은 올스크, 콜림스크, 오몰론스크, 캄차카 방언 등에서 나타난다. 어휘구조가 V_1CCV_2의 경우에는 자음무리를 피하기 위해 마지막 모음 V_2가 탈락하지 않는 대신 약화된다.

/olra/ [olrɒ] '물고기'	/ulre/ [ulrə] '고기'
/nanra/ [nanrɒ] '가죽'	/urke/ [urkə] '문'
/hurka/ [hurkɒ] '올가미'	/inme/ [inmə] '바늘'

(Cincius 1947: 27)

3.3.3 모음 조화

에벤어에서 모음 음소 i, u (긴장모음)과 ɪ, ʊ (비긴장모음)은 모음조화에 영향을 준다. 긴장자질(tenseness)에 의하여 모음들은 2 그룹으로 구분된다.[7] 긴장모음과 비긴장모음에 의한 모음조화는 어휘 구성에서 엄격하게 지켜진다.

7) 에벤어와 에벤키어의 비교

긴장모음	i, i:, e, e:, ^{j}e, ɔ, ɔ:, u, u:
비긴장모음	ɪ, ɪ:, a, a:, ^{j}a, o, o:, ʊ, ʊ:

비긴장모음들의 조음에서는 혀몸이 앞으로 움직여지고, 혀끝이 아랫니 쪽으로 다가간다.

gɪrdaj '소리치다' gɪrla '(물이) 차가운' osɪkat '별'
ʊ^{j}amkan '산양' olɪnǯa '갈가마귀' ɪmadaj '(흙, 눈을) 뿌리다'

레베데프(1982: 18)에 의하면, 오호츠크 방언에서는 긴장모음 /i/가 중모음으로 내려와 [e]로 발음된다.

의미	에벤어 /a/	에벤키어 /i/
형	akan	akin
아버지	aman	amin
그물	adal	adil ~ adal
간	ha:kan	ha:kin
곰	nakat	nakit ~ nakata (또는 곰 가죽)
길다	ŋonam ~ ŋonom	ŋonim

의미	에벤어 /e/	에벤키어 /i/
누이, 언니	eken	ekin
어머니	eńen~eńin	eńin
바람	eden	edin
우두머리	begen	begin
손잡이	hesen	hesin
뾰족하다	emer	emir
이름	gerbe	gerbi

의미	에벤어 /a/	에벤키어 /u/
여덟(8)	ǯapkan	ǯapkun
적다	abal	abul

의미	에벤어 /e/	에벤키어 /u/
입술	hemen	hemun
은	meŋen	meŋun

(Cincius 1947: 30ft)

ilan 〉 elan '3'
iŋa 〉 eŋa '조약돌'
nisa 〉 nesa '구슬'

이런 발음들은 단순히 방언적 현상일뿐 의미는 변하지 않는다.

긴장모음들은 혀등이 약간 뒤로 당겨진다. 이 모음들이 발음될 때 인두(pharynx) 부분이 관여하기 때문에 인두음화된다. 이 발음들은 긴장성과 추가적 음색으로 구분된다. 모음을 인두음화(pharyngialization) 시킬 때 소리의 협착이 발생한다. 혀뿌리가 뒤로 당겨지고, 후두 근육이 수축된다.

inme '바늘'
inmek '자루'
min '나(1인칭 대명사)'
h^jedej '나타나다, 올라가다'

ɔliki '다람쥐'
iːmej '입구'
mir '어깨'
ɔsidu '옛날에'

3.3.4 자음과 관련된 구조적 문제

에벤어에서 어두와 어말에서 자음무리가 허용되지 않는다.[8] 어중에서도 2개 이상의 자음이 오지 못한다. 차용어휘에서는 모음 첨가와 삽입, 또는 잉여 자음의 탈락으로 이 문제가 해결된다.

노어	xl'eb	〉	에벤 kil^jep '빵'
	skovoroda	〉	kaßarda '프라이팬'
	stol	〉	ostol ~ tol '책상'
	metr	〉	metra (에벤 문학어 metr) '미터'

8) 한국어에서도 자음무리가 허용되지 않는다.

metr와 같은 차용어휘는 에벤 문학어의 경우 노어에서 차용될 때 구조 변화 없이 받아들여진 예이다.

3.3.4.1 어두 자음

러시아어에서 차용된 어휘들에서 어두의 마찰음은 폐쇄음으로 교체된다. 이것은 자음의 [지속성] (continuant) 자질로 설명된다.[9] 즉, 에벤어에서 [지속성] 자질을 갖는 자음은 어두에 올 수 없다.

[+cont] 〉 [-cont] / # ___ V

/l/ 〉 /n/ / ___ V
/v/ 〉 /m/
/j/ 〉 /ń/

R. lampa 〉 nampa '램프'
vino 〉 mine '포도주'
jaššik 〉 ńassik '상자'

무성 마찰음 [f]는 무성 폐쇄음 /p/로 교체된다.

---

9) 에벤어와 에벤키어의 어두 자음 비교

에벤	에벤키
#n- #m- #h-	#l- #ß- #s-

에벤	에벤키	에벤	에벤키
nam	lamu 바다	ńuči	lūča 러시아인
na:ŋ	la:ŋ 올가미	nuki:	luki: 활
ńoka:	joko 야쿠트인	ma:-daj	ßa:-mi 죽이다
hi	si 너	hu	su 당신
ho:	so: 매우	hel	sele 철
haman	saman 샤만		

(Cincius 1947: 41)

R. fonar' 〉 ponar' '가로등'

어두의 마찰음 /s/는 마찰 후두음 /h/나 방언에 따라 폐쇄 구개자음 /č/로 바뀐다.

s 〉 h, (č) / # __ V

R. saxar 〉 hakar ~ čakar '설탕'

만주-퉁구스어에서처럼 에벤어에서도 어두에서 /r/은 제한된다. 차용어휘의 경우엔 자음 /r/ 앞에 모음이 나타난다.

∅ 〉 V / # __ /r/

R rubl' 〉 eruble (문학어 rubl') '루블(러시아 화폐 단위)

3.3.4.2 어말 자음

어말에 폐쇄음과 마찰음, 유성자음과 무성자음, 비음과 비비음(非鼻音) 모두 올 수 있다. 예외적으로 어말에서 마찰음 /h/는 불가능하다.

3.3.4.3 어중 모음 사이에서의 자음들

1) 양순음 /ß/

첫 음절이 아닌 음절의 단모음 사이에 양순음 /ß/가 오면 이 자음은 탈락한다. 그 다음에 이어지는 2개의 모음은 장모음으로 축약된다.

ß 〉 ∅ / #CV__V

V+V 〉 V:

helga-daj '구멍을 뚫다' → helga- + ßun = helgu:n '송곳'

(Cincius 1947: 42)

그러나 /ß/ 앞에 장모음이 있으면 /ß/는 유지되고, 모음 축약도 일어나지 않는다.

uliː-daj '노 젓다' → uliː-ßun '노'

(Cincius 1947: 42)

2) 연구개 자음 /g/

자음 /g/는 모음 사이에서 마찰음 [ɣ]로 발음된다. 장모음 /iː/ 앞에서는 /g/가 전이음 [j] 로 발음되는 경향이 있다(Cincius 1947: 42).

/g/ 〉 [j] / __ /iː/

/deg-deːj/ '날다' → /degiː/ [deɣiː] ~ /dejiː/ '새'
/ɔgeski/ [ɔɣeski] '위로(방향격)'
/ɔinuk/ [ɔjinuk] ~/ɔjgič/ '위로부터'

3.3.4.4 자음동화

에벤어에서 아주 빈번하게 나타나는 인접 자음들은 특별한 주의를 필요로 한다. 에벤어의 교착-접미사적 구조와 관련하여 특별히 주목할 것은 어간 마지막 자음과 접미사 첫 자음이 결합하거나 또는 앞 접미사의 마지막 자음과 뒤 접미사의 첫 자음이 결합하는 형태소 경계이다.

1) 어간이 장애음 /p, t, s, č, k/로 끝나는 경우, 접미사의 첫 자음이 /d, ǯ, g/이면 유-무성[voice]에 관한 순행동화가 일어난다.

d, ǯ 〉 t, č / [p, t, s, č, k] + ___

여격: tog-du '불로' : helek-tu '자루로'

okat-tu '강으로'

분리격: adal-duk '그물로부터' : okat-tuk '강으로부터'

탈격: tog-gič '불로부터' : hupkuček-kič '학교로부터'

소유 조격: gʲed-ǯi '자기 창끝으로' : čeŋet-či '자기 낚시도구로(단수 무인칭)'

단수 1인칭 직설법 미래: teg-ǯi-m '(내가) 앉을 것이다'

tik-či-m '(내가) 쓰러질 것이다'

(Cincius 1947: 43, 48)

표 1. 어간 뒤에서 어두자음 d/t, ǯ/č 의 교체를 일으키는 접미사들

접미사	앞 소리가 유성자음/모음	앞 소리가 무성자음
여격	-du	-tu
분리격	-duk	-tuk
관계형용사	-di	-ti
목적법	-da/-de	-ta/-te
명사 파생 동사	-da/-de	-ta/-te
무인칭 소유 조격	-ǯi:	-či:
직설법 미래	-ǯi:	-či:
미래시제 부동사	-ǯiŋa/-ǯiŋe	-čiŋa/-čiŋe
불특정 소사	-da/-de	-ta/-te

(Cincius 1947: 43)

2) 설측 마찰음 /l/로 시작하는 접미사에서 어간의 마지막 자음이 비음 /m/, /n/, /ń/, /ŋ/인 경우, 뒤따라오는 /l/은 비음 [n]으로 바뀐다.

/l/ 〉 [n] / /m, n, ń, ŋ/ + ___

처소격: okat-la '강에서', adal-la '그물에서'

ǯoda:n + la > ǯoda:n-na '물건에서'

nam + la > nam-na '바다에서'

병행격: okat-li '강을 따라', adal-li '그물을 따라'

ǯoda:n + li > ǯoda:n-ni '물건을 따라'

nam + li > nam-ni '바다에서'

명령법 단수 2인칭: ǯaß-li '잡아라' : *ŋen-ni* '가라'

명령법 복수 2인칭: bak-li-lra '찾아라 ' : *em-ni-lre* '와라'

(Cincius 1947: 44)

표 2. 어간 뒤에서 어두 자음 l/n을 교체하는 접미사들

접미사	앞 소리가 자음/모음	앞 소리가 비음 /m/, /n/, /ń/, /ŋ/
처소격	-la/-le	-na/-ne
병행격	-li	-ni
명령법 단수 2인칭	-li	-ni
명령법 복수 2인칭	-li-lra/-li-lre	-ni-lra/-ni-lre

(Cincius 1947: 44)

치경-설전음 /r/로 시작되는 접미사에서 /r/은 폐쇄음 뒤에서 같은 치경음 [t] 또는 [d]로 발음된다. 이것은 다시 유성음 /d/, /ǯ/ 뒤에서 폐쇄 유성음 /d/가 되고, 폐쇄 무성음 /t/, /č/, /p/ 뒤에서는 폐쇄 무성음 /t/가 된다. 지속 무성음 /s/ 뒤에서는 지속음 /s/가 된다(Cincius 1947: 44). 즉, 에벤어에서는 형태소 경계에서 [place], [voice], [continuant] 자질에 관한 동화현상을 일으킨다.

/r/ 〉 [d] / /d, ǯ/ + ___ (치경음, 폐쇄, 유성)
[t] / /t, č, p/ + ___ (치경음, 폐쇄, 무성)
[s] / /s/ + ___ (치경음, 마찰, 무성)

직설법 현재시제 단수 1인칭:

teg+re+m = teg-*re*-m '나는 앉아 있었다'

tut+re+m = tut-*te*-m '나는 뛰어갔다'

is+ra+m	=	is-*sa*-m	'나는 도달했다'
tet+re+m	=	tet-*te*-m	'나는 옷을 입는다'
tet+ri+ß	=	tet-*ti*-ß	'나는 옷을 입었다'
od+ra+m	=	od-*da*-m	'내가 끝낸다'
od+ri+ß	=	od-*di*-ß	'내가 끝냈다'
hus+ra+m	=	hus-*sa*-m	'내가 깎는다'
hus+ri+ß	=	hus-*si*-ß	'내가 깎았다'
ir+ra+m	=	ir-*ra*-m	'내가 운반한다' (ir-daj '운반하다, 나르다')
ir+ri+ß	=	ir-*ri*-ß	'내가 운반하였다'

표 3. 어두자음이 r ~ d ~ t ~ s로 교체되는 접미사들

어간 끝 소리 / 접미사	-d -ǯ	-t -č -p	-s	자음 -ß g j k g l r m n ŋ 또는 모음
직설법 현재	-da/-de	-ta/-te	-sa/-se	-ra/-re
과거	-di	-ti	-si	-ri
현재시제 부동사	-di	-ti	-si	-ri
부정 부동사	-da/-de	-ta/-te	-sa/-se	-ra/-re
조건법	-dak/-dek	-tak/-tek	-sak/-sek	-rak/-rek

(Cincius 1947: 44)

3) 연구개음 /g/로 시작되는 접미사에서 이 자음은 앞 자음이 유성음이면 /g/로, 무성음이면 /k/가 된다. 앞 자음이 /n/이면 /ŋ/이 되면서 자음 /n/은 탈락한다(Cincius 1947: 45).

즉, 형태소 경계에서 연구개음이 비음과 만나면, 이 두 자질이 융합된 비음 연구개음 [ŋ]이 발음된다. 그 외에는 [voice]에 관해 동화된다. 형태소 경계의 모음 사이에선 [-continuant]가 허용되지 않는 것으로 보인다. 이런 특성 때문에 모음 사이에서 /g/는 [ɣ]로 발음된다.

/g/ 〉/ŋ/ / /n/ + _____ , /n/ 〉 ∅

/g/ / [vd] + ____

/k/ / [vl] + _____

탈격: /ǯu-gič/ [ǯuɣič] '집으로부터'

/nam-gič/ '바다로부터'

/okat-kič/ '강으로부터'

/orŋič/ '순록으로부터' (〈 oron + -gič)

명령법 복수 1인칭: o-gar '합시다'

ŋe-ŋer '갑시다' (〈 ŋen- + -ger)

tut-ker '뛥시다'

gɔ-ŋer '말합시다' (〈 gɔn- + -ger)

표 4. 어두자음이 g/k/ŋ으로 바뀌는 접미사들

어간 끝 소리	어간 끝 자음		
접미사	유성음	무성음	-n
탈격	-gič	-kič	-ŋič
지정격	-ga/-ge	-ka/-ke	-ŋa/-ŋe
명령 1 복	-gar/-ger	-kar/-ker	-ŋar/-ŋer
다회상	-gar/-gere	-kar/-kere	-ŋar/-ŋere
동반	-gali/-geli	-kali/-keli	-ŋali/-ŋeli
비교	-gačin/-gečin	-kačin/-kečin	-ŋačin/-ŋečin
불특정 소사	-gal/-gel	-kal/-kel	-ŋal/-ŋel
의문 소사	-gu	-ku	-ŋu

(Cincius 1947: 45)

4) 접미사가 /ß/로 시작되는 경우

모음 뒤에서는 [ß]로, 자음 뒤에서는 [u]로, /n/ 뒤에서는 [m]으로 바뀌며 앞의 자음 /n/이 탈락한다. 복수 접미사 /l/ 뒤에서는 [b]가 된다(Cincius 1947: 45).

즉, 앞 자음의 자질에 따라 양순음 /ß/가 동화된다. 비음 뒤에서는 같은 비음인 [m]이 되고, [labial] 자질을 가진 /l/ 뒤에서는 순음 [b]가 된다. 자음 뒤에서는 원순모음 [u]가 된다.

/ß/ 〉 [ß] / V + ___

[m] / /n/ + ___ , n 〉 ∅

[b] / /l/ + ___ {복수}

[u] / C + ___

ʒuː-ß '나의 집'

adal-u '나의 그물'

orm-u '나의 순록' (〈 oron + ß)

ʒuː-l-bu '나의 집들'(1인칭 단수 인칭 소유형)

표 5. 어두자음이 ß ~ u ~ m ~ b 로 교체되는 접미사들

접미사	앞 소리(어간 마지막)			
	모음	유성, 무성, 비음(n 제외)	/n/	복수 /l/~/r/
대격	-ß	-u	-m	-bu
소유형 단수 1	-ß	-u	-m	-bu
소유형 복수 1	-ßun	-un	-mun	-bun
무인칭소유 복수	-ßur	-ur	-mur	-bur
무인칭소유 단수	-j ([j] 〈*-ßiː)	-i(〈*-ßiː)	-mi	-bi
수동태	-ß	-u	-m	
촉진태	-ßkaːn/-ßkeːn	-ukan/-uken	-mkan/-mken	
불특정 소사	-ßul	-ul	-mul	-bul

(Cincius 1947: 46)

6) 형태소 경계에서 자음과 자음이 결합되는 경우

에벤어에서는 형태소 경계에서 [place], [voice], [manner]에 관한 동화현상을 일으킨다(Cincius 1947: 46-47).

① 폐쇄음 무리에서는 [voice]가 같아야 한다.

[+vd] 〉 [-vd] / [-cont, -vd] ___ [무성자음 동화]
d, ǯ, g t, č, k

okat-du 〉 okat-tu '강으로'

② /l/은 비음 /m/, /n/ 뒤에서 [manner]에 관한 동화에 의해 비음 /n/이 된다.

/l/ 〉 /n/ / /n/____

ǯoda:n + la 〉 ǯoda:n-na '물건에서'
nam + la 〉 nam-na '바다에서'

③ 양순음 /ß/와 연구개음 /g/도 비음 /n/ 뒤에서 [manner]에 관한 동화에 의해 비음 /m/과 /ŋ/이 된다.

/ß/ 〉 /m/ / /n/ + ____
/g/ 〉 /ŋ/ / /n/ + ____

oron + ß 〉 orom '순록을' (대격)
ŋen- + -ger 〉 ŋe-ŋer '갑시다'

④ 동화의 방향
[voice]에 관해서는 역행동화가 일어나지 않는다. 그러나 [place]와 [manner]에 관해서는 환경에 따라 역행동화가 일어난다.

g^jed-taki '창끝 쪽으로' (향격)

adal-san '당신의 그물' (인칭-소유 복. 2)

치경음 /t/, /d/, /s/는 공명음 /m/, /n/, /l/ 앞에서 [manner]에 관해 역행동화한다.

• /n/ 앞에서

s 〉 n / ___ + n

bis-ni 〉 bin-ni (동사 bi-dej '이다'의 직설법 단수 3인칭 현재)
es-ni har 〉 en-ni har '그가 모른다' (직설법 단수 3인칭 부정)
nulges-nen 〉 nulgen-nen '그가 유목하러 떠났다' (직설법 단수 3인칭 현재)

• /m/ 앞에서

d, ǯ 〉 n / ___ + m

urge-d-mer ~ urge-ǯ-mer 〉 urge-ń+mer '좀더 어렵게' (약한 비교급)
(urge '어려운')

• /l/ 앞에서

s 〉 l / ___ + /l/

nulges-li 〉 nulgel-li '유목하러 떠나라'
(nulge-sen-dej 동사 시작상의 명령 단수형)

구개 파찰음은 치경음 앞에서 파찰성을 상실하고 치경음으로 역행 동화한다.

([+palatal, +strident]) 〉 ([-palatal, -strident])

č, ǯ 〉 t, d / ___ +([-palatal, -strident])

uǯ '흔적' : u*d*-li '흔적을 따라' (병행격)

čeŋeč '낚시도구' : čeŋe*t*-teki '낚시도구 쪽으로' (방향격)

⑤ 형태소 경계에서 순행동화에 의한 마찰음 /s/의 회피

[+continuant] 자질을 가진 마찰음 /s/는 형태소 경계에서 어근 마지막 자음에 따라 동화된다. *oron-si* '너의 순록'처럼 관용적으로 이미 굳어진 표현들은 예외적으로 지속음 /s/를 어근의 자음 뒤에서 허용한다.

*man-si '네가 죽였다' 〉 man-ri ~ man-ǯi ~ man-ni (직설법 단수 2인칭 현재)

cf. oron-si '너의 순록', aman-san '당신 아버지' (어간이 /n/으로 끝나는 명사의 소유형으로 예외적인 예)

*ma:l-su '죽이시오' 〉 *ma:l-sa ~ ma:l-ra ~ ma:l-da ~ ma:l-la (명령 복수 2인칭)

cf. adala-l-si '너의 그물들', adala-l-san '당신의 그물들'(소유 복수)

*olsa '물고기' (집합명사) 〉 olra ~ olda ~ olla

*nansa '가죽' (집합명사) 〉 nanra ~ nanda ~ nanna

(Cincius 1947: 47)

7) 문법적 변별성에 의한 음운규칙의 제한

형태소 결합으로 이중자음이 발생하는 경우 이중자음 중 하나를 생략하면 의미의 왜곡을 가져올 수 있다. 그런 경우에는 이중자음을 유지하거나 생략하여 형태를 구분한다. 이것은 문법적 변별성이 음운규칙의 적용보다 우선하기 때문이다.

g^jed-u '창끝을'(대격) : g^jed-du '창 끝에'(여격)

okat-u '강을'(대격) : okat-tu '강에'(여격)

adal-i '자기의 그물을'(재귀 소유 대격) : adal-li '그물을 따라'(병행격)

ǯodan-i '자기의 재산을'(재귀 소유 대격) : ǯodan-ni '자기 재산을 위해'(병행격)

예외적으로 소유형 3인칭 단수에서는 혼동을 일으킬 동일 형태가 없어도 이중자음이 허용된다.

oron + ni = oron-ni '그의 순록'

3.3.4.5 자음의 융합과 탈락

1) 융합

형태소 경계에서 자음 /n/과 연구개음 /g/ 또는 양순음 /β/가 만나는 경우 자음들의 융합이 일어난다. [manner] 자질인 [nasal]과 [place] 자질이 융합되면 각각 비음으로서 연구개음 /ŋ/ 또는 양순음 /m/이 된다.

/n/ + /g/ 〉 /ŋ/

/n/ + /ß/ 〉 /m/

orŋi:č '순록으로부터' (탈격)

oron+ -gič 〉 oron+ -ŋič 〉 oroŋič 〉 orŋič (탈격)

orom '순록을' (대격)

oron + -β 〉 oron + -m 〉 oro + -m 〉 orom (대격)

ormun '우리 순록' (소유형 복수 1인칭 배제형)

oron + -βun 〉 oron + -mun 〉 oro + -mun 〉 or + -mun

(소유형 복수 1인칭 배제형)

(Cincius 1947: 50)

2) 탈락

에벤어에서는 다른 만주-퉁구스어와 달리 2개의 자음 무리 대신 첫 번째 자음을 탈락시키고 두 번째 자음을 유지하는 경우들이 있다.

C_1C_2 〉 C_2

a) kt 〉 t

에벤	에벤키
hot 길	hokto
gurgat 수염	gurgakta
ńurit 머리카락	ńurikte
omat 새로운	omakta

(Cincius 1947: 50)

b) ks 〉 s

에벤	에벤키
čuːs 주스	čukse
us 소매	ukse
hiles 이슬	hilekse
hiltes 부싯돌	siltikse

(Cincius 1947: 50)

c) gd 〉 d

에벤	에벤키
gud 높은	gugda
tiːd 비	tigde

(Cincius 1947: 50)

3.4 어휘적 파생

다양한 접미사 등에 의해 파생이 교착적 구조로 이루어진다. *hukle* '잠'을 예로 생산적으로 파생되는 다양한 어휘 관계를 볼 수 있다.

• hukle '잠'의 파생 어휘

hukle-ßken, hukle-ßken-mej 자도록 뉘우기, 흔들어 재우기
hukle-ßken-dej 흔들어 재우다
hukle-ǯek 잠자리, 침실
hukle-dej 자다
hukle-k 잠자리, 바다동물 서식지
hukle-m 졸림
hukle-mde 자기 위한, 침실의
hukle-m-dej 자고 싶다, 졸리다
hukle-msi 꿈의
hukle-mel-dej 몹시 졸리다
hukle-n 꿈
hukle-ŋke 침대
hukle-sem-ken-dej 자도록 눕히다
hukle-sem-ket-tej 자려고 눕다
hukle-sen-dej 자려고 눕다
hukle-te 잠꾸러기, 잠의

에벤어의 형태와 구조

제4장 명사

멘큘레강 토폴리노예 마을 가는 도중

제4장 명사

4.1 명사 격 변화형

에벤어에는 12개의 격 변화형이 있다. 즉, 주격(nominative), 대격(accusative), 여격(dative), 향격(allative), 처소격(locative), 병행격(parallel), 향-처격 (allative-locative), 향-병격(allative-parallel), 분리격(elative), 탈격(ablative), 조격 (instrumental), 동반격(comitative), 호격(vocative). 이 외에 지정격(designative)이 명사 변화 소유형에서 쓰인다.

어근과 접미사가 교착적으로 결합되어 나타나는 변화 유형은 4가지로 분류된다.

<table>
<tr><td>I</td><td>모음 어간: 모음으로 끝나는 어간</td></tr>
<tr><td rowspan="2">II</td><td>자음 어간: 자음 n을 제외한 자음으로 끝나는 어간</td></tr>
<tr><td>a) 유성자음 어간
b) 무성자음 어간
c) 비음 어간</td></tr>
</table>

III	n 어간
IV	복수 어간

표 1. 명사 격조사[1](어간 마지막 소리유형 기준)

어간 끝소리 격	I	II				III		IV
	모음	자음				-n		복
		유성	무성	비음 (m, n, ń, ŋ)		A형	B형	
	집	그물	강	덫	개	칼	순록	집들
주	ǯu	adal	okat	naŋ	ŋen	hʲerkan	oron	ǯul
대	ǯu-ß	adal-u	okat-u	naŋ-u	ŋen-u	hʲerka-m	oro-m	ǯul-bu
여	ǯu-du	adal-du	okat-tu	naŋ-du	ŋen-du	-du	oron-du	ǯul-du
향	ǯu-tki	-taki	-taki	naŋ-taki	ŋen-taki	-taki	-taki	ǯul-taki
처소	ǯu-la	adal-la	okat-la	naŋ-na	ŋen-na	-dula	-dula	ǯul-dula
병행	ǯu-li	adal-li	okat-li	naŋ-ni	ŋen-ni	-duli	-duli	ǯul-duli
향-처	ǯu-kla	-a-kla	-a-kla	-a-kla	ŋen-kla	hʲerka-kla	oro-kla	ǯula-kla
향-병	ǯu-kli	-a-kli	-a-kli	-a-kli	ŋen-kli	hʲerka-kli	oro-kli	ǯula-kli
분리	ǯu-duk	-duk	-tuk	naŋ-duk	ŋen-duk	-duk	oron-duk	ǯul-duk
탈	ǯu-gič	-gič	-kič	naŋ-gič	ŋen-gič	-gič	-gič	ǯul-gič
조	ǯu-č	-a-č	-a-č	naŋ-a-č	ŋen-a-č	hʲerka**ń**	oro-ń	ǯul-ǯi
동반	-ńun	-ńun	ńun	naŋ-ńun	ŋen-ńun	hʲerka**ńun**	oro-ńun	ǯul-ńun
호	ǯu-ga	adal-ga	okat-ka	naŋ-ga	ŋen-ga	hʲerka**ŋ**a	oro-ŋa	ǯul-ga

(Cincius 1947: 89)

위 격조사들은 어간의 마지막 소리에 따라 음성적으로 바뀐다. 대격에서 조사 {ß}는 자음 뒤에서 모음 /u/로 바뀌고, 비음 뒤에서는 자음 /m/이 된다. 복수에서는 복수 접미사 /l/ 뒤에서 순음 /b/가 된다. 비음 어간(/-m, -ń, -ŋ, -n/)을 가진 명사들은 처소격과 병행격에서 {-la/-le}, {-li} 대신 {-na/-ne}, {-ni}를 갖는다. n-어간에서는 어간 마지막 자음 /n/을 상실한다. 때로 /n/은 어미의 어두 자음에 영향을 주어 어미의 자음을 비음으로 바꾼다. *oron* '순

1) Cincius를 비롯한 러시아 학자들은 격어미 또는 접미사로 분류한다. 이것은 굴절어인 러시아어 문법 개념의 영향으로 보인다. 교착어인 에벤어에서는 한국어에서와 같이 격조사로 규정하고자 한다.

록'을 예로 들면 다음과 같다.

oron '순록'

대격 -ß : oron-ß 〉 oro-m

분리격 -gič : oron-gič 〉 or-ŋič

조격 -č : oron-č 〉 oro-ń

4.2 격의 의미와 용법

4.2.1 주격(nominative)

주격 조사는 제로 {ø}이다. 주격형은 주어로서뿐만 아니라 보어로도 쓰인다. 후치사와 함께 주격형이 쓰이기도 한다.

a) 주어의 역할

atikan hur-re-n. '할머니가 떠나갔다.'

atikan ačča. '할머니가 없다.'

(Cincius 1947: 92)

b) 보어적 기능

tarak ***atikan*** bi-si-n. '저 사람은 할머니였다.'

noŋan ***atikan*** od-in. '그녀는 할머니가 되었다.'

(Cincius 1947: 92)

c) 소유 명사구에서 관형어의 기능

noŋan **atikan** ʲeke-le-n ŋen-re-n.[2] '그는 할머니의 주전자 쪽으로 갔다.'

처소소유 (ʲeke 주전자)

---

2) Cincius(1947: 92)는 이 문장을 NP + VP(V + NP) 구조를 갖는 'noŋan ŋen-re-n *atikan* *ʲekelen*.'으로제시하였다.
동사 과거

d) 후치사와 함께 보어 기능을 한다.

noŋan [***atikan*** *dalilan*] bi-si-n. '그는 할머니 가까이 있었다.'

(Cincius 1947: 92)

e) 호격 기능을 한다.

noŋan gɔn-ni : **atikan**, hi mola-li! '그가 말했다. '할머니, 나무하러 가세요!"

(Cincius 1947: 93)

에벤어에서 주격형은 위와 같이 주어, 명사 술어부, 소유 관형어, 후치사적 목적어와 호격 명칭의 기능을 수행한다.

4.2.2. 대격(accusative)

대격은 직접 보어의 역할을 한다.

huličan ***atika-m*** it-te-n. '여우가 할머니를 보았다.' (it-tej 보다)

(Cincius 1947: 93)

장소나 시간을 나타내는 구문에서도 사용된다.

atikan ***okat-u*** *holaki* hur-re-n. '할머니는 강 위쪽으로 갔다.'

huličan ***ǯur-bu*** *ineŋ-u* ǯem-se-n. '여우는 이틀 동안 굶었다.'

(Cincius 1947: 93)

4.2.3. 여격(dative)

여격은 간접 목적어의 기능을 한다.

atikan ***huličan-du*** olra-ß bɔ-n. '할머니가 여우에게 물고기를 주었다.'

(bɔ-dej 주다) (Cincius 1947: 93)

특별히 지칭하는 대상을 나타낼 때도 여격이 쓰인다.

mo-duk ***hektißun-du*** o-ßat-ta.
보통상

'나무에서 판이 된다'(나무에서 판으로 그들이 만든다.)

(o-daj 만들다) (Cincius 1947: 93)

수동 구문에서 여격은 논리적 주어의 기능을 수행한다. 문법적 주어는 주격을 취한다.

urekčen ***bej-du*** iči-ß-re-n '산이 사람에게 보였다.'

oron ***etiken-du*** baka-ß-ra-n. '순록이 노인의 눈에 띄었다.'(노인에게 보였다)

(bak-taj 찾다, 발견하다; baka-b-daj 존재하다, baka-ß-daj 발견되다)
(Cincius 1947: 93)

장소나 시간을 가리키는 기능을 갖는다.

kuŋa-l ***ǯugaǯak-tu*** čakap-ta. '아이들이 여름 캠프에 모였다.'

tugeni-du huličan-du ǯem bi-ßet-ten. '겨울에 여우는 굶곤 한다.'

(Cincius 1947: 94)

행위의 조건을 가리키는 용법으로도 사용된다.

eden-du aj bi-ßet-ten kusčiß-mi.[3] '바람에 방목하기가 좋다.'

(bi-ßet-tej 이곤 하다) (Cincius 1947: 94)

4.2.4 향격 (allative)

향격은 보어와 부사의 기능을 수행하며, 목적어와 관련된 행위의 방향을 가리킨다.

atikan ***okat-taki*** hur-re-n. '할머니는 강으로 갔다.'

(Cincius 1947: 94)

다음 동사들은 보어로 향격을 요구하는 동사들이다.

gɔn-dej '말하다', ulgimi-dej '묻다'

3) 이 문장에서 kusčiß-mi는 동사 kusčiß-dej '방목하다'의 부동사 조건 형태이다. 이 문장은 '*eden-du kusčiß-mi aj bi-ßet-ten.*'로 어순을 바꾸어야 한다.

teleŋ-dej '얘기하다',   kɔʲet-tej '보다'
bulni-dej '쳐다보다'

etiken ***atikan-taki*** gɔn-ni. '할아버지가 할머니에게 말했다.'
etiken ***kuŋal-taki*** teleŋ-re-n. '할아버지가 아이들에게 얘기했다.'
bi ***tɔŋer-teki*** kɔʲet-ti-ß. '나는 호수를 보았다.'
noŋan ***urekčen-teki*** bulni-n. '그는 산을 쳐다보았다.'

(Cincius 1947: 94)

4.2.5. 처소격(locative)

부사적 형태로 대상이 어떤 장소에 있다는 것을 나타낸다.
okat-la olra hoja. '강에는 물고기가 많다.'

어떤 장소 안으로 대상이 들어가는 것을 가리킨다.

atikan ***ǯu-la*** in. '할머니가 집으로 들어갔다.'
urekčen-duk ***meʲen-dule*** hekeseŋ-re. '산에서 평지로 (그들이) 내려갔다.'

(hekesen-dʒj 내려가다)   (Cincius 1947: 94)

처소격은 동사 *ga-daj* '가져가다'와 함께 '누구로부터'의 의미를 가진다.
atikan-dula burduk-u ga-li! '할머니에게서 밀가루를 가져가라!'

(Cincius 1947: 94)

4.2.6. 병행격 (parallel)

이것은 대상과 병행하는 행위를 나타낸다.
momi ***okat-li*** eʲen-ni. '배는 강을 따라 항행한다.'

ńarukag-li hulut-ti-ß. '스키를 타고 (내가) 쫓아갔다.'

hʲekita-li deggoč-čot-te. '나무들을 따라 (그들은) 날아다녔다.'

(Cincius 1947: 95)

대상이 움직이는 경우, 대상의 일부나 전체를 가리킨다

usi-ß ***bʲelga-li*** ońe-li. '끈을 목에 묶어라.'

okat-li, tɔŋer-li, nam-ni-da hoja olra bi-s-ni.

'강, 호수, 바다에도 많은 물고기들이 있다.'

čačas ***aßlan-duli*** bi-s-ni. '북극여우가 툰드라에서 살고 있다.'

(Cincius 1947: 95)

시간의 표현에 쓰인다.

ǯur-duli ineŋ-li em-ǯi-m. '이틀 뒤에 올 것이다.' (Cincius 1947: 95)

병행격은 동사 *tam-daj* '지불하다'와 함께 활용된다.

oron-duli tam-ni. '순록에 대해 지불해라.' (Cincius 1947: 95)

4.2.7 향-처격(allative-locative)

행위가 일어나는 대상의 경계를 나타낸다.

noŋan ***okat-a-kla*** ʲes-sa-n. '그는 강 가에 도달했다.'

(Cincius 1947: 95)

4.2.8 향-병격(allative-parallel)

행위가 일어나는 대상의 방향을 가리킨다.

kuŋa ***abdul-a-kli*** ŋen-not-ten. '아이가 물건 쪽으로 다가간다.'

(ŋen-dej 가다, 움직이다, 향하다) (Cincius 1947: 95)

4.2.9 분리격(elative)

행위의 출발점을 나타낸다.

bi ***ǯu-duk*** ńu-re-m. '나는 집에서 떠났다.'

tɔŋer-duk ńeßte eʲen-ni. '호수에서 시냇물이 흐른다.' (eʲen-dej 흐르다)

(Cincius 1947: 95)

비교급 구문에서 활용된다.

oron ***ŋen-duk*** gud. '순록은 개보다 더 크다.'

(Cincius 1947: 95)

4.2.10 탈격(ablative)

행위가 시작되는 방향을 나타낸다.

bi ***tɔŋer-gič*** em-ri-ß. '나는 호수로부터 왔다.' (em-dej 오다)

(Cincius 1947: 95)

때로 탈격은 행위의 출발점을 가리킨다.

gorod-gič mut-tu mašina-ß emu-ßet-te. (emu-dej 가져오다)

'(그들은) 도시로부터 우리에게 차를 가져오곤 한다.' (Cincius 1947: 96)

4.2.11 조격(instrumental)

이것은 행위의 방법과 수단을 나타낸다.

noŋan ***halka-č*** taßat-tan. '그는 망치로 때린다.' (taßat-taj 때리다, 벼르다)

(Cincius 1947: 96)

조격형은 재료를 나타내는 보어의 역할을 한다.

bi ***ʲemanra-č*** hʲelikiŋgaj o-la-n bi-si-ß. '나는 눈으로 자고새를 만들었다.'

(o-daj 만들다) (Cincius 1947: 96)

조격은 행위 수단을 나타내는 보어와 부사적 기능을 한다.

noŋan ***turki-č*** em-ri-n. '그는 썰매로 왔다.'

bi ***uliki-č*** tam-ri-ß. '나는 다람쥐로 지불했다.'

(Cincius 1947: 96)

조격은 *ŋel-dej* '두려워하다', *buten-dej* '아프다'와 같이 다양한 동사들에 의해 문법적으로 지배된다. 특히 명사에서 파생된 동사로서 '소유'나 '존재'를 의미하는 경우 조격을 지배한다.

bi ***nakat-a-č*** ŋel-re-m. '나는 곰이 무서웠다.'

bi ***dil-a-č*** buten-re-m. '나는 머리가 아팠다.'

bi ***Kike-č*** amanta-ra-m. '나는 키케를 아버지로 갖고 있다.'

(amanta-daj ~를 아버지로 갖고 있다) (Cincius 1947: 96)

4.2.12 동반격(comitative)

동반격은 주어와 함께 행위에 참여하는 대상을 나타낸다.

Asi ***kuŋa-ńun*** em-re-n. '여자가 아이와 함께 왔다.'

(Cincius 1947: 96)

4.2.13 호격(vocative)

친치우스는 호격을 명사 격변화 범주에 포함시키지 않았다. 이것은 주로 친족 관계 명사에서 호명을 할 때 이용되는 특수한 형태이다. 러시아어의 경우에도 호격은 고대어에서 격 범주의 하나였으나 퇴색하여 현대어에서는 사라졌다. 이와 같이 에벤어에서도 빈도가 한정되어 친족 관계 명사에서만 쓰이는 특수 형태가 된 것으로 보인다. 본서에서는 호격을 명사 변화 범주로 분류한다.

aman '아버지' - ama '아버지!'
enin '어머니' - eńe '어머니!'
akan '형' - aka '형!'
eken '누나' - eke! '누나!'
ata '할머니' - ate '할머니!'

(Cincius 1947: 96)

호격 조사를 붙일 때 어간의 마지막 자음을 삭제할 뿐만아니라 호격 조사의 모음을 감정적으로 장음화하기도 한다.[4)]

asi '여자' - as-e ~ ase-e '여인이여!'
bej '사람' - be-e ~ bee-e '사람이여!'
tog '불' - tog-a ~ tog-a-a '불이여!'
tɔr '땅' - tɔr-e ~ tɔr-e-e '땅이여!'
kuŋa-l '아이들' - kuŋa-l-a '아이들아!'

(Cincius 1947: 97)

4.3 수

에벤어에서 복수형 접미사는 기본적으로 {-l}이다.

ǯu '집' ǯu-l '집들'
kuŋa '아이' kuŋa-l '아이들'
mo '나무' mo-l '나무들'

---

4) 한국어에서도 호격의 경우 열린 모음 '-아!' 또는 '-야!'를 붙인다.

어간이 자음으로 끝나는 단어에는 복수 접미사 앞에 모음 a, e, i가 삽입된다.

adal '그물' adal-a-l '그물들'
gʲed '창끝' gʲed-a-l '창끝들'
buteːn '병' buteːn-e-l '병들'
uǯ '흔적' uǯ-i-l '흔적들'
bej '사람' bej-i-l '사람들'

어간아 저음 /n/으로 끝나는 어휘에서는 마지막 위치의 /n/이 삭제되고 복수 접미사로 /i/ 대신 /r/이 붙는다.

oron '순록' oro-r '순록들'
muran '말' mura-r '말들'

친족 관계의 어휘나 샤만, 부자 등 사회적 관계를 나타내는 어휘에는 {-til}, {-nil}, {-sal} 등의 특수한 접미사가 사용되는 예들이 현대 에벤어에 남아 있다. 이것은 고어형 복수 접미사의 흔적이 아닐까 짐작된다.

aman '아버지' am-til
enin '어머니' eń-til
akan '형' ak-nil
eken '누나' ek-nil
asi '여자, 아내' as-al
edi '남편' edi-sel
haman '샤만' ham-a-sal
hunŋi '주인' hunŋi-sel
eβen '에벤사람' eβe-sel

특이한 점은 복수 접미사의 활용이 명사에만 국한되지 않는다는 점이다. 이 복수 접미사는 형용사, 동사 활용형들에도 첨가된다.

에벤어의 형태와 구조

제5장 대명사

산을 내려오는 순록 떼

제5장 대명사

대명사에는 1. 인칭, 2 재귀, 3. 소유, 4. 지시, 5. 특정, 6. 의문, 7. 불특정 8. 부정 대명사의 여덟 가지가 있다.

5.1 인칭대명사

인칭	단수	복수
1	bi	bu (배제형, 상대를 포함하지 않음)
		mut (포함형, 상대를 포함함)
2	hi	hu
3	noŋan	noŋartan

1인칭 복수에는 인칭대명사가 bu와 mut 두 가지가 있다. *bu*는 '얘기하는 상대를 제외한 무리'를 가리키고, *mut*는 '모두를 포함한 우리'를 가리키는 개념적 차이가 있다.

bu bɔ-r-u, '(너는 빼고) 우리가 주었다.'
mut bɔ-re-p. '(너를 포함한)우리 모두가 주었다.'

bu hi-nu alačid-da-p. '(그들을 빼고) 우리가 너를 기다리고 있다.'
mut hi-nu alačid-da-p. '우리는 (모두) 너를 기다리고 있다.'

표 1. 인칭대명사 변화형

	1			2		3	
	단	복, 배제	복, 포함	단	복	단	복
주	bi	bu	mut	hi	hu	noŋan	noŋar-tan
대	min-u	mun-u	mut-u	hi-n-u	hu-n-u	noŋman	-butan
여	-du	-du	-tu	-du	-du	noŋan-dun	-dutan
향	-teki	-teki	-teki	-teki	-teki	-takin	-takitan
처	-dule	-dule	-tule	-dule	-dule	-dulan	-dulatan
병행	-duli	-duli	-tuli	-duli	-duli	-dulin	-dulitan
향-처	-ekle	-ekle	-ekle	-ekle	-ekle	noŋa-klan	-aklatan
향-병	-ekli	-ekli	-ekli	-ekli	-ekli	-klin	-aklitan
분리	-duk	-duk	-tuk	-duk	-duk	n-dukun	-dukutan
탈	-gič	-gič	-kič	-gič	-gič	noŋ-igiǯin	-giǯitan
조	-eč	-eč	-eč	-eč	-eč	noŋan-ǯin	-ǯitan
동반	-ńun	-ńun	-ńun	-ńun	-ńun	noŋ-ńunni	-ńuntan

(Cincius 1947: 131)

5.2 재귀 대명사

재귀대명사는 비 기본격에서만 이용되며, 아래 표와 같이 격에 따라 어미를 갖는다.

noŋan *mendi* ga-di-n. '그는 스스로 가져갔다.'
noŋartan *merbur* ga-di-tan. '그들은 스스로 가져갔다.'

표 2. 재귀대명사 변화형

격	단수	복수
주	-----	-----
대	men-i	mer-bur
여	-di	-dur
방향	-tekij	-teki-ßur
처소	-dulej	-dule-ßur
병행	-dulij	-duli-ßur
방향-처소	-eklej	-ekle-ßur
방향-병행	-eklij	-ekli-ßur
분리	-duki	-dukur
탈	-giǯi	-giǯur
조	-ǯi	-ǯur
동반	-ńumi	-ńumur

(Cincius 1947: 132)

5.3 소유 대명사

에벤어에서 소유 대명사는 비자립형과 자립형이 있다. 비자립형은 단어미형으로서 변화하지 않는다. 이 형태는 뒤에 따라 오는 명사를 수식하는 관형적 기능을 가진다. 반면에 자립형은 장어미형으로서 '그의 것', '나의 것' 등의 의미로 독립적인 어휘소 역할을 한다.

표 3. 소유 대명사

수	인칭	비자립형(단어미형)	자립형(장어미형)	의미
단수	1	min	min-ŋi	나의
	2	hin	hin-ŋi	너의
	3	noŋan	noŋ-ŋin	그의
	재귀	men	men-ŋij	자신의 (하나)
복수	1	mun	mun-ŋij	우리의 ('너' 배제)
		mut	mut-ŋi	우리의 ('너' 포함)
	2	hun	hun-ŋi	너희들의
	3	noŋartan	noŋar-ŋi-tan	그들의
	재귀	mer	mer-ŋi-ßur	자신의 (둘 이상)

(Cincius 1947: 133)

min ǯu-ß. '나의 집'

hun oron-san '너희 순록'

erek ǯu *min-ŋi*. '이 집은 나의 것이다.'

제6장
형용사

겨울. 순록 떼. 토폴리노예 마을

제6장 형용사

에벤어에서 형용사는 의미와 형태소에 따라 성질 형용사와 관계 형용사로 구분된다.

6.1 성질 형용사

6.1.1 비파생 성질 형용사

명사처럼 자음이나 모음으로 끝난다. 형태적으로는 명사와 구별되지 않는다.

hunta '깊은'　　nog '털에 싸인'
urge '무거운'　　gud '높은'
aj '좋은'　　egʒen '큰'

* 비교: 다음의 명사들과 형태를 비교해 볼 수 있다.
unta '신발' ńog '굴레' irge '꼬리' g^jed '창끝' oj '옷' oron '순록'

형용사가 수식어 또는 서술어로서 기능한다. 문장 내에서는 명사나 부사의 기능도 수행한다.

ho *aj* oj. '아주 좋은 옷' (*aj* : 수식어, 성질 형용사)
oj ho *aj*. '옷이 아주 좋다' (*aj*: 서술어의 역할)
oj *ain* ho. '옷의 품질이 좋다' (*ai-n*: 소유형 3인칭 단수, 명사 피수식어)
ho *aič* bis. '아주 잘 살고 있다' (*ai-č* 조격, 부사 역할)

문장 내에서의 위치에 따라 품사적 기능이 바뀔 수 있다.

ŋonom usi '긴 띠'
usi *ŋonom-an* '띠의 길이' (*ŋonom-an* 피수식어, 3인칭 소유형)

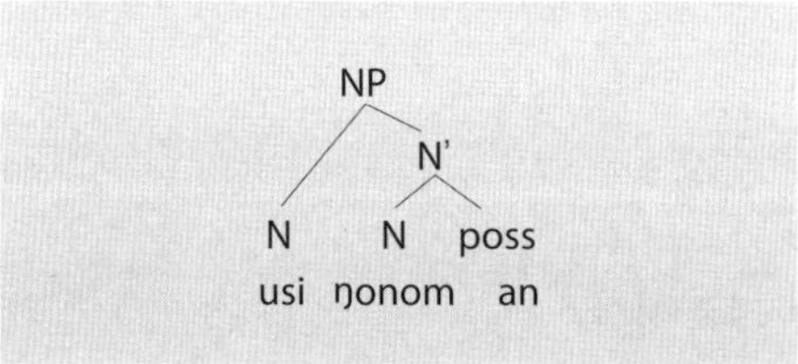

에벤어에서 수식어와 피수식어의 구분은 독립적인 형태-통사적, 논리적 범주의 문제이다.

표 1. 형용사 '긴'과 명사 '길이'의 변화 형태

격	ŋonom usi 긴 띠		usi ŋonoman 띠의 길이	
주	ŋonom	usi	usi	ŋonom-an
대	ŋonom-u	usi-ß	usi	ŋonom-mon
여	ŋonom-du	usi-du	usi	usi ŋonom-dun
향	ŋonom-taki	usi-tki	usi	ŋonom-takin
처소	ŋonom-na	usi-le	usi	ŋonom-nan
병행	ŋonom-ni	usi-li	usi	ŋonom-nin
향-처	ŋonom-akla	usi-kle	usi	ŋonom-aklan
향-병	ŋonom-akli	usi-kli	usi	ŋonom-aklin
분리	ŋonom-duk	usi-duk	usi	ŋonom-dukun
탈	ŋonom-gič	usi-gič	usi	ŋonom-giǯin
조	ŋonom-ač	usi-č	usi	ŋonom-ǯin
동반	ŋonom-ńun	usi-ńun	usi	ŋonom-ńunńi

(Cincius 1947: 99)

6.1.2 성질 형용사 파생형

에벤어에서는 접미사에 의한 성질 형용사 파생이 매우 생산적이다.

1) 접미사 {ńa} ~ {ńe}는 색과 대상의 외형을 나타내는 많은 형용사들을 만든다.

hula-ńa '붉은'　　huta-ńa '불처럼 붉은'
nule-ńe '피처럼 붉은'　　kapta-ńa '평평한'
mokte-ńe '앞으로 구부린'　　pese-ńe '뚱뚱한'

2) 접미사 {-ti:}, {-ta/-te}도 색과 형태를 나타낸다.

ńoba-ti '흰'
hula-ti '붉은'
u-ti '(개, 늑대가) 회색의'
meŋ-ti '(순록 갈기가) 회색의'

cf. 어근이 같은 동사들:

hula-l-daj '빨개지다'; cf. hula-ńa, hula-ti '붉은'

huta-l-daj '빨개지다'; cf. huta-ńa, huta-ti '불처럼 붉은'

3) 접미사 {-ŋi} 는 행위의 외부적 특성을 나타내는 형용사를 만든다.

kori-ŋi '주름이 많은' ← korin-daj '주름이 생기다, 얼굴을 찌푸리다'

koti-ŋi '메마른, 딱딱한' ← kotin-daj '마르다, 딱딱해지다'

bobi-ŋi '꼬인' ← bobin-daj '꼬다'

kʲeßa-ŋi '굽은' ← kʲeßan-daj '굽다'

čoka-ŋi '애꾸눈의' ← čokan-daj '한 눈을 감다'

4) 접미사 {-k}는 행위와 유사한 부정적 성질을 나타내는 형용사를 만든다.

bańu-k '(짐승이) 고집센' ← ba-daj '고집부리다, 게으름피다'

bute-k '병약한' ← buten-dej '아프다'

urli-k '시기심이 강한' ← urli-dej '시기하다'

omŋai-k '산만한' ← omŋa-daj '잊다'

taßsa-k '장난스러운' ← taßsa-daj '장난치다'

ŋalu-k '힘센' ← ŋal-daj '손에 잡다'

5) 접미사 {-ku}는 상당히 많은 형용사를 파생한다. 이 접미사는 행위에 의해 나타나는 부정적 특성을 의미한다.

teke-ku '헤진' ← teke-l-dej '찢다', teke-r-dej '찢어지다'

nasa-ku '산산조각이 된' ← nasa-l-daj '잡아뜯다',
nasa-r-daj '찢어지다, 깨지다'

toŋe-ku '구멍뚫린' ← toŋe-l-dej '뚫다', toŋe-r-dej '뚫리다'

hegde-ku '파열된' ← hegde-l-dej '파열하다',
hegde-r-dej '파열되다'

nabda-ku '찢어진' ← nabda-l-daj '찢다', nabda-r-daj '찢어지다'

nebde-ku '갈기갈기 찢어진' ← nebde-l-dej '갈기갈기 찢다'
nebde-r-dej '갈기갈기 찢어지다'

6) 접미사 {-ŋiʲa/-ŋiʲe}를 가진 형용사도 행위의 부정적 성격을 나타낸다.

mun-ŋiʲa '썩은' ← mun-daj '썩다'
mab-ŋiʲa '파손된' ← mab-daj '파손하다'
emeb-ŋiʲe '뒤쳐진' ← emeb-dej '뒤쳐지다'
hemer-ŋiʲe '움츠러진' ← emer-dej '움츠러지다'

min hʲerkam-u ho mupkiʲa od-ni.
나의 칼은 아주 *무디게* 되었다. (od-daj 끝나다)
(Cincius 1947: 104)

7) 접미사 {-ßŋi:}

행위의 긍정적인 성격을 나타내는 형용사를 파생한다.

oǯa-ßŋi '검소한' ← oǯa-daj '절약하다'
eʲe-ßŋi '확실한, 믿을만한' ← eʲet-tej '희망하다'
herle-ßŋi '존경하는' ← herleß-dej '존경받다'
mʲeŋči-ßŋi '재미있는' ← mʲeŋči-daj '놀라다'

min akm-u eʲe-ßŋi bej.
나의 형은 믿을만한 사람이다. (Cincius 1947: 104)

8) 접미사 {-j-}는 동사와 관련있는 형용사를 만든다.

guǯe-j '귀여운' ← guǯen-dej '귀여워하다, 사랑하다'
haßa-j '현명한, 아는' ← ha-daj '알다', haß-daj '알려지다'

9) 접미사 {-li-}는 외모와 관련된 의미를 갖는 형용사를 만든다.

gurgu-li '콧수염의' ← gurgat '콧수염'

ʲenŋu-li '털북숭이의' ← ʲenŋat '털'

10) 접미사 {-ka/-ke}, {-ki} 를 가진 형용사도 외모를 나타낸다.

boduru-ka '곱슬머리의'

hemuru-ke '곱슬머리의'

buŋńu-ka '둥근'

kuj-ki '귀먹은'

11) 접미사 {-ŋ-, -ŋa/-ŋe}는 대상의 일반적인 특성을 가리킨다.

ai-ŋ '빠른, 발이 가벼운'

nusa-ŋ '둔한'

bei-ŋ '여윈'

ile-ŋ '(땅이) 메마른'

heli-ŋe '민첩한, 재빠른'

12) 접미사 {-č-}는 명사에서 도덕적, 신체적 특성을 나타내는 형용사를 파생한다.[1)]

ńes-e-č '행복한, 행운의' ← ńes '성공', ńes-tej '성공하다'

merge-č '현명한' ← mergen '앎, 지력'

ǯal-a-č '온순한' ← ǯal '기분, 상식'

ʲelra-č '조화로운, 균형잡힌' ← ʲelrani '날씬한 몸매'

eße-č '쾌활한' ← eßinmej '놀이'

---

1) *oro-č* '순록의; 에벤 사람.' 이 어휘는 *oron* '순록'에 접미사 {-č}가 붙어 파생된 것이다.

13) 접미사 {-r-}도 신체적, 도덕적 특성의 형용사를 만든다.

eme-r '날카로운, 미끄러운'	ńutu-r '무거운'
baka-r '미끄러운'	ǯui-r '신 맛의'
ǯlbe-r '(풀이) 부드러운'	delgu-r '(소리가) 낭낭한, 시끄러운'
ʲelra-r '불쌍한'	gʲe-r '시원한'

14) 접미사 {-si}는 신체적, 심리적 상태를 나타내는 형용사를 만든다.

huk-si '뜨거운, 무더운'	←	huk '뜨겁다, 열, 무덥게'
ńam-si '따뜻한'	←	ńam '따뜻한, 온기'
iŋeń-si '차가운'	←	iŋeń '차가운, 냉기'
hatar-si '어두운'	←	hatar '어두운, 어둠, 어둡게'
gʲel-si, gʲelra-si '차가운 (물)'	←	gʲelra '(물이) 차가운, 참, 차갑게'
dal-si, dalra-si '단, 맛있는'	←	dalra '단, 맛있는, 맛있게'

접미사 {-si}는 동사 *bi-dej* '있다'의 형동사 현재시제형 *bi-si* '있는'의 {-si}가 접미사로서 결합된 경우일 수 있다.

ńam-si ← ńam bi-si '온기' + '있는' (Cincius 1947: 107)

{-si}가 있는 형태는 덜 지속적인 상태를 의미하며 수식어로 이용된다. 반면에 {-si}가 없는 형태는 보다 더 지속적인 상태를 의미하며 서술어로 활용된다(Cincius 1947: 107).

a) {-si}가 있는 형태

ńam-si ineŋ od-ni. '따뜻한 날(들)이 왔다.'

ŋeluki *dal-si-ß* ulre-ß hoč ajaß-ßot-tan.
'늑대는 맛있는 고기를 아주 좋아한다.' (Cincius 1947: 107)

b) {-si}가 없는 형태

ineŋ *ńam* od-ni.

'날이 따뜻해졌다.'

mu, kube-kle bi-si, *huk* bi-si-n.

'물이 주전자에 있어 따뜻하였다.'

ma-mat nakat ulre-n ho *dalra* bi-ßet-ten.

형용사 소유 보통상

'금방 죽인 곰 고기는 아주 맛 있다.' (Cincius 1947: 107)

15) 접미사 {-kun, -kan/-ken}는 작은 규모를 나타낸다.

kuču-ken '작은' tige-kun '긴밀한'

urum-kun '짧은' ejum-kun '가벼운'

hilum-kun '좁은' tembe-ken '부드러운'

6.1.3 비생산적 파생 형태

현대 에벤어에서는 이미 굳어져 더 이상 파생 형태로 간주되지 않는 접미사 요소를 형태의 일부로 가진 형용사들이 있다.

1) {-m}

ŋono-m '긴' hine-m '단단한'

dera-m '뚱뚱한' dula-m '조용한'

uru-m-kun '짧은'

2) {-ra}

dal-ra '단, 달콤한' g^{j}el-ra '(물이) 차가운'

3) {-rg-}

u-rg-e '무거운'　　　　　　　be-rg-e '기름진'

6.2 관계 형용사

관계 형용사는 명사, 부사, 동사로부터 파생된다.

6.2.1 소속 관계

접미사 {-di/ti-}는 대상과 가장 공통적인 관계를 가리킨다. 관계 형용사 접미사 중 제일 생산적이다.

eßen '에벤' → eße-di '에벤의' : eßedi tɔren '에벤어'
oroč '에벤' → orot-ti '오로치의, 에벤의' : Orotti Praßda '에벤의 진실' (신문 이름)
asi '여자' → asa-di '여자의' : asadi unta '여자용 신발'

6.2.2 명칭 관계

접미사 {-mda/-mde}는 대상의 이름과 관련된 의미를 나타낸다.
al^{j}ek '그릇' → al^{j}ek-a-mda '그릇의' : al^{j}ek-a-mda fabrika '그릇 공장'
unta '신발' → unta-mda '신발의' : unta-mda muŋgere '신발 가방'

6.2.3 성질 관계

접미사 {-gda/-gde}는 물건이 아주 크거나 좋은 것을 나타낸다.
^{j}asal '눈' → ^{j}asal-a-gda '눈이 큰'
dil '머리' → dil-a-gda '머리가 큰'
amŋa '입, 아가리' → amŋa-gda '입이 큰'

6.2.4 양의 관계

접미사 {-pči}는 양이 많은 것을 나타낸다.

oron '순록' → oro-pči '순록이 많은'
ŋin '개' → ŋin-a-pči '개가 많은'
muran '말' → mura-pči '말이 많은'
hut '아이' → hut-e-pči '아이가 많은'

6.2.5 소유 관계

접미사 {-lkan/-lken}는 소유 관계를 나타낸다.

oron '순록' → oro-lkan '순록을 가지고 있는'
ŋin '개' → ŋin-a-lkan '개를 가지고 있는'
hut '아이' → hut-e-lken '아이가 있는'

noŋan ǯur-bi hute-lken. '그는 두 아이가 있다.'
(Cincius 1947: 111)

6.2.6 부정적 의미

접미사 {-la/le, -na/-ne}는 앞에 오는 부정 소사 *ač* '안, 없는'과 함께 대상이 없음을 나타낸다.

ač or-na '순록이 없는'
ač ŋin-na '개가 없는'
ač mur-na '말이 없는'

ač hut-le 'ᄋ아이가 없는'

6.2.7 시간의 의미

접미사 {-r, -p, -rap/-rep}은 부사, 명사, 지시 대명사로부터 시간과 관련된 형용사를 파생한다.

baǯ '일찍' → baǯ-i-r ~ baǯ-i-rap '아침의'
hisečin '저녁에, 저녁' → hise-r ~ hiseči-rep '저녁의'
ti:ńiß '어제' → tine-p '어제의, 과거의, 지나간'
dolboni '밤' → dolbo-r '밤의'
ineŋ '낮' → ineŋ-e-rep '낮의'
boloni '가을' → bolo-rap '가을의'
negneni '봄' → negne-rep '봄의'
ǯugani '여름' → ǯuga-rap '여름의'
kuŋa '아이' → kuŋa-rap '어린 시절의'

6.2.8 장소의 의미

접미사 {-g}는 장소와 관련된 형용사를 파생한다.[2]

ɔi-g '위의' amarga-g '뒤의'
ǯule-g '앞의' herge-g '아래의'

2) 이 접미사에 부사형 접미사 {č}가 붙어 *uigič* '위에', *amargič* '뒤에', *ǯul-gič* '앞에', *hergič* '아래에'와 같은 부사들이 파생된다. 또한 {-gič}라는 탈격조사도 이것과 관련된 것으로 보인다.

6.2.9 발명의 의미

접미사 {-mat/-met}는 동사 어간으로부터 '새로 만들어진' 것을 나타낸다.

o-daj '만들다' → o-mat '새로운, 새로 만든'
balda-daj '태어나다' → balda-mat '새로 태어난'
tug-dej '태어나다' → tug-e-met '(짐승이) 새로 태어난'
h^je-dej '나타나다, 나오다' → h^je-met '(달이) 새로운'
ma-daj '죽이다' → ma-mat '방금 죽인'

6.2.10 품질의 의미

접미사 {-lan/-len}은 동사 어간으로부터 만들어지는 좋은 품질의 결과를 나타낸다.

ńemkan-daj '얘기를 하다' → ńemka-lan '얘기를 잘 하는'
ike-dej '노래하다' → ike-len '노래를 잘 하는'
o-daj '만들다' → o-lan '잘 만드는'

6.3 형용사 비교급

비교급은 탈격 어미를 가진다.

oron *ŋin-duk* gud. '순록이 개 보다 크다. (ŋin '개')
oror *ŋin-al-duk* gud-al. '순록들이 개들 보다 크다.'
erek oron *čele-duk-un* gud. '이 순록이 모든 것들 보다 크다.'
(čeleǯi 모든, čele-duk-un 모든 것 중 가장) (Cincius 1947: 115)

최상급 구문에서 사용되는 러시아어의 특정 대명사 *samyj*가 차용된 *čamaj*가 최상급 구문에서 사용된다. 이것을 형용사 앞에 두면 탈격 구문을 사용하지 않고 최상급을 표현할 수 있다.

min orm-u *čamaj aiŋ*. '내 순록이 가장 빠르다.'

(aiŋ~ajiŋ 빠른) (Cincius 1947: 115)

6.4 형용사 복수

접미사 {-l, -a-l/-e-l, -i-l, -r}가 형태음소적 규칙에 따라 형용사에 붙어 복수형을 만든다. 예외적으로 {-sal/-sel}을 갖는 형용사도 있다.

oro-lkan '순록의, 순록이 있는'

oro-lka-sal '순록의(복수형)'

ač orna-sal '순록들이 없는'

hute-lken '아이의, 아이가 있는'

hutelke-sel '아이들이 있는(복수형)'

ač hutelke-sel '아이들이 없는'

표 1. 형용사 변화형

격	단수		복수	
주	emer g^jed	날카로운 창끝	emer-el	g^jed-al
대	emer-u	g^jed-u	emer-el-bu	g^jed-al-bu
여	emer-du	g^jed-du	emer-el-du	g^jed-al-du
향	emer-teki	g^jed-taki	emer-el-teki	g^jed-al-taki
처소	emer-le	g^jed-la	emer-el-dule	g^jed-al-dula
병행	emer-li	g^jed-li	emer-el-duli	g^jed-al-duli
향-처	emer-ekle	g^jed-akla	emer-el-ekle	g^jed-al-akla
향-병	emer-ekli	g^jed-akli	emer-el-ekli	g^jed-al-akli
분리	emer-duk	g^jed-duk	emer-el-duk	g^jed-al-duk
탈	emer-gič	g^jed-gič	emer-el-gič	g^jed-al-gič
조	emer-ńun	g^jed-ńun	emer-el-ńun	g^jed-al-ńun

(Cincius 1947: 117)

제7장
동사

토폴리노에 마을의 겨울

제7장 동사

7.1 어간의 구조

동사의 어간은 시제, 법, 태, 상, 인칭과 수로 구성된다. 동사 어간은 비파생형과 파생형으로 구분된다. 비파생형은 어근과 어간이 일치되는 것으로, *ma:-daj* '죽이다', *ŋen-dej* '가다'와 같은 것들이다.

비파생 동사 어간들에는 명사나 부사 어간과 일치하는 것들이 많다. 이런 것들 가운데에는 대상과 연관된 도구나 대상이나 행위를 가리키는 것들이 있다. 접미사 {-daj/-dej}, {-taj/-tej}가 어간에 붙어 동사 기본형이 된다.

7.1.1 대상에서 파생되는 동사들

u '가죽 긁개'	→	u-dej '긁개로 가죽을 다듬다'
kočaj '가죽 손질용 돌긁개'	→	kočaj-daj '돌긁개로 작업하다'
adal '그물'	→	adal-daj '그물을 치다'

ekm-u *u-n* emer. '누이의 긁개가 뾰족하다.'
소유
ekm-u nanra-ß *u-n*. '누이의 가죽을 긁는다.' (eken 누이, nanra 가죽, emer 뾰족하다)
3단현
(Cincius 1947: 159)

7.1.2 자연현상과 관련된 동사들

eden '바람'	→	eden-dej '바람불다'
udan '비'	→	udan-daj '비오다'
hugi '눈보라'	→	hugi-dej '눈보라치다'
irel '눈녹은 곳'	→	irel-dej '눈이 녹다'
ńulten '해'	→	ńulten-dej '(해가) 비치다'
dolbo '저녁에, 밤에'	→	dolbo-daj '어두워지다, 밤이 되다'
huk '열'	→	huk-tej '내뿜다'

eden nam-gič *ed-ne-n*. '바람이 바다에서 불어왔다.'
ʲelkan hugi *hugi-n*. '진짜 눈보라가 쳤다.' (Cincius 1947: 159)

7.1.3 성질이나 행위의 동사들

berge '기름진'	→	berge-dej '기름지다'
heŋun '무서운'	→	heŋun-dej '무서워하다'
abal '수가 적은'	→	abal-dej '모자라다'
ike '노래'	→	ike-dej '노래하다'
teleŋ '이야기'	→	teleŋ-dej '이야기하다'

ʲak kuma *berge-n*!
형용사
'얼마나 바다표범이 기름졌나!'

min ŋen-u olra-duk h^{j}enmač *berge-n*.
소유 분리 3단현
'나의 개가 물고기로 아주 기름졌다.'

(Cincius 1947: 160)

7.2 파생 동사의 형성

동사 형성소가 명사 어간에 붙어 동사가 파생되는 것이 보통이다. 반면에 동사 형성소가 다른 동사에 붙어 또 다른 동사를 만들기도 한다. 접미사 {-daj/-dej}, {-taj/-tej}를 가진 형태는 사전의 표제어로서 기능한다.

표 2. 동사 형성 접미사

범주	동사 형성소
수단	-da/-de, -ta /-te, -r/-ra-/-re, -la/-le
변형	-lta /-lte, -g/-gi, -l
소유, 획득	-lba/-lbe, -ŋ, -lač/-leč(-lat/ -let), -nač/-neč (-nat/-net)
관계	-t, -ta/-te
모방	-kač/-keč(-kat/-ket)
음식	-ti
몸	-m (-m-ra-/-m-re-)
목적	-ma/-me/-mi, -la/-le/-li
시간	-s
실행	-ßči

7.2.1 수단을 의미하는 파생 동사

1) 형성소 {-da/-de}, {-ta/-te}는 주어진 물건을 사용하는 행동을 의미하는 동사들을 만든다.

uńka '숟가락' → uńka-da-daj '숟가락질하다'
čor '주먹' → čor-da-daj '주먹질하다'

hunki ‘발끝’ → hunki-da-daj ‘발길질하다’
eŋi ‘힘’ → eŋi-de-dej ‘힘을 쓰다’

이 접미사를 이용하여 이동 수단을 의미하는 동사들을 만들 수 있다.

oron-da-daj ‘순록을 타고 가다’
muran-da-daj ‘말 타고 가다’
turki-da-daj ‘썰매를 타고 가다’

oronda-mi muranda-ri-duk hʲenma-dmar.
‘순록타는 것이 말타는 것 보다 더 빠르다.’
(Cincius 1947: 162)

무엇을 만들기 위해 물건을 이용하는 의미의 동사들은 조격 보어를 갖는다.

hel-de-dej ‘쇠로 (뚜껑을) 만들다’
taŋńa-da-daj ‘순록 뿔을 이용하다’
kʲemi-da-daj ‘맘모스 뼈를 이용하다’
mo-da-daj ‘막대기로 입구를 막다’

eńmu urke-tmi mo-č *mo-da-n*.
‘어머니는 문을 막대기로 막았다.’
(Cincius 1947: 162)

2) 형성소 {-r, -ra-/-re, -la/-le}는 행위를 위해 어떤 물건을 이용하는 것을 의미하는 동사를 만든다.

momi ‘배’ → momi-r-daj ‘배를 타고 가다’
tak ‘소금’ → tak-ra-daj ‘소금을 치다’

g^{j}ed '창' → g^{j}ed-la-daj '창으로 찌르다'
air '날창' → air-la-daj '날창으로 찌르다'

amti-l-ti bujusek-tuk momi-r-ra.
'우리 아버지들은 사냥에서 배로 온다.'

(Cincius 1947: 162)

7.2.2 변형의 의미

1) 명사, 형용사, 수사, 대명사에 접미사 {-lta/-lte}를 결합하여 물건, 성질, 양과 관련된 의미의 동사들이 파생된다.

a) 명사로부터.
ǯu-lta-daj '집을 짓다'
turki-lta-daj '썰매를 만들다'
ačča-lta-daj '없애다'

eńm-u hoß goru ǯu-j *ǯu-lta-ri-n*.
'어머니는 아주 오래 자기 집을 지으셨다.'

(Cincius 1947: 163)

b) 형용사, 대명사로부터.
aj '좋은' → ai-lta-daj '좋게 하다'
egǯen '큰' → egǯe-lte-dej '증대시키다'
hakarin '검은' → hakari-lta-daj '검게 만들다'
terek '평평한, 똑같은' → terek-e-lte-dej '평평하게/똑같게 만들다'
bekel '동등한' → beke-lte-dej '나누다'
abal '적은' → abal-a-lta-daj '적게 만들다'

bu Mača-gli ńenkami-l-bur *tereke-lte-ri-ßun*.
'우리는 바샤와 자기 지팡이들을 (길이가) 똑같게 만들었다.'

(Cincius 1947: 163)

c) 수사로부터

tunŋan '5' → tunŋa-lta-daj '다섯으로 나누다'

m^{j}en '10' → m^{j}e-lta-daj '열로 나누다'

ńama '100' → ńama-lta-daj '백으로 나누다'

bi maßut-i *^{j}ela-lta-ra-m*.
'나는 내 올가미를 3 부분으로 나누었다.'

ekm-u bulat-u *ńuŋe-lte-n*.
'누이는 옷감을 6 조각으로 나누었다.'

(Cincius 1947: 163-164)

d) 의문 대명사로부터:

^{j}ak '무엇' → ^{j}a-lta-daj '무엇을 하는가?'

asun '어떤' → asu-lta-daj '어떤 것을 하는가?'

adi '몇' → adi-lta-daj '몇으로 나누는가?'

2) 명사 어간에 붙은 접미사 {-g, -gi}는 물건을 이용하거나 만드는 의미를 나타낸다.

kam '건어' → kam-gi-daj '(물고기를) 건어로 만들다,'

kileb '빵' → kileb-e-g-dej '빵을 굽다'

čeče '조각, 부스러기' → čeče-g-dej '조각으로 나누다'

hotora '길' → hotora-g-daj '길을 놓다'

eße-sel olra-ß *kam-gi-r*.
'에벤 사람들은 물고기를 건어로 만든다'.

mut Asinŋa-duk Ola-tki *hotora-g-ra-p*.
'우리는 Signal로부터 Ola까지 다리를 놓았다.'

(Cincius 1947: 164)

반면에 접미사 {-g, -gi}는 어떤 목적을 위해 대상을 보관한다는 의미의 동사도 만든다.

unta '구두(운티)' → unta-g-daj '구두(운티)를 만들기 위해 (가죽을) 보관하다'
aßun '털모자' → aßu-g-daj '모자를 위해 (가죽을) 보관하다'

bi osal-u *unta-g-ra-m*.
'나는 순록 가죽을 운티 만들려고 준비했다.'

(Cincius 1947: 164)

3) 형용사 어간에 접미사 {-l}을 결합하여 형용사의 특성을 얻거나 그렇게 된다는 의미의 자동사 '~되다, ~지다'를 만든다.

ńam '따뜻한' → ńam-a-l-daj '따뜻해지다'
g'elra '차가운' → g'elra-l-daj '(물이) 차가와지다'
iŋen '(공기가) 차가운' → iŋen-i-l-dej '(공기가) 차가와지다'
dalra '달다' → dalra-l-daj '달게 되다'

nelke odakan, tur *ńam-a-l-lot-tan*.
'봄이 오면, 땅은 따뜻해진다.'

ńulten hireken, *ŋer-il-lot-ten*.
'태양이 뜨면, 날이 밝는다.'

(Cincius 1947: 171)

7.2.3 소유나 획득의 의미의 동사

1) 명사, 형용사에 {-lba/-lbe}가 붙어 물건이나 성질의 획득을 의미한다.

atikan '아내'	→	atika-lba-daj '결혼하다, 아내를 얻다, 장가들다'
etiken '남편'	→	etike-lbe-dej '시집가다, 남편을 얻다'
hute '아기'	→	hute-lbe-dej '아이를 갖다'
hagdi '늙은'	→	hagdi-lba-daj '늙다'
nuste '젊다'	→	nuste-lbe-dej '젊어지다'
eŋe^{j}e '부유한'	→	eŋe^{j}e-lbe-dej '부자가 되다'
eŋi '힘'	→	eŋi-lbe-dej '힘세지다'

ač orna bej *oro-lba-n*.
'순록 없는 사람이 순록을 마련했다.'
(Cincius 1947: 165)

2) 접미사 {-ŋ}은 선택의 의미를 부여한다.

atikan '아내'	→	atika-ŋ-daj '장가들다(아내를 고르다)'
etiken '남편'	→	etike-ŋ-dej '시집가다(남편을 고르다)'
hut '아이'	→	hut-e-ŋ-dej '입양하다'

tinep anŋanu Gigo Ogda-č *atika-ŋ-ri-n*.
'지난 해에 그리고리가 Avdot'je에게 장가들었다.'

bi ere-č oro-ń oro-ŋ-ǯi-m.
'나는 이 순록을 내 것으로 정했다.'
(Cincius 1947: 165)

3) 접미사 {-lač/-leč(-lat/-let)}, {-nač/-neč (-nat/-net)}를 가진 동사는 물건

의 한시적 소유나 이용을 의미한다. 접미사 {-nač/-neč (-nat/-net)}는 n-어간 동사에 결합된다. 이 동사는 조격 보어를 가진다.

ǯu '집' → ǯu-lat-taj '집을 가지다'
oron '순록' → or-nat-taj '순록을 가지다'
harak '친구' → harak-lat-taj '친구를 가지다'
eŋe^{j}en '재산' → eŋe^{j}e-let-tej '재산을 가지다'

bi Aßlakań *ńorad-alat-tan*.
'나의 아블라칸(개 이름)이 대장이다.' (ńorad 대장 순록이나 개)
(Cincius 1947: 166)

7.2.4 관계의 의미

명사에 {-t, -ta/-te}가 결합되어 '누구를 ~로 여기다, 삼다'라는 의미의 동사가 된다. 이 동사들은 조격 보어를 갖는다.

aman '아버지' → aman-ta-daj '아버지로 삼다'
akan '형' → akan-ta-daj '형님으로 삼다'
hut '아이' → hut-e-t-tej '아들/딸로 삼다'

bi Mike-č *akan-ta-ra-m*.
'나는 미케(니콜라이)가 형이다.' (Cincius 1947: 166)

7.2.5 모방의 의미

명사에 {-kač/-keč(-kat/-ket)}가 결합되어 '흉내낸다 또는 놀이하다'라는 의미의 동사가 된다.

kuŋa '아이' → kuŋa-kat-taj '어린애처럼 놀다'
oron '순록' → or-kat-taj '순록놀이를 하다'
haran '집터' → hara-kat-taj '집놀이하다'

kuŋa-l okat hulilen *ǯu-kač-id-da*.
'아이들은 강 가에서 집짓기 놀이를 한다.'

mut *oro-kat-tan*.
'우리는 순록타기 놀이를 한다.' (Cincius 1947: 167)

7.2.6 음식 관련 동사

1) 명사에 접미사 {-ti}가 결합되어 '무엇을 먹는다'라는 의미의 동사가 파생된다.

nimen '피' → nim-ti-dej '피로 만든 죽을 먹다'
imse '기름' → imse-ti-dej '기름을 먹다'
ulre '고기' → ulre-ti-dej '고기를 먹다'
umta '달걀' → umta-ti-daj '달걀을 먹다'

ǯuganidu muran *tak-ti-daj* menken em-mot-ten.
'여름에 말은 *소금을 먹으러* 스스로 온다.'
(Cincius 1947: 167)

2) 짐승이나 짐승의 일부 장기를 바로 먹는다는 의미로도 널리 이용된다.

erbeč '거위' → erbet-ti-dej '거위고기를 먹다'
olra '물고기' → ol-ti-daj '물고기를 먹다'
hakan '간' → hak-ti-daj '간을 먹다'
m^{j}eßan '염통' → m^{j}eß-ti-daj '염통을 먹다'

dil '머리' → dil-ti-daj '머리를 먹다'

7.2.7 몸과 관련된 동사

1) 명사에 접미사 {-m(-m-sa/-m-se)}가 결합되어 냄새에 관한 의미의 동사가 파생된다.

nakat-a-m-daj '곰 냄새가 나다'
uliki-m-dej '다람쥐 냄새가 나다'
ŋen-a-m-daj '개 냄새가 나다'
olra-m-daj '물고기 냄새가 나다'
ulre-m-dej '고기 냄새가 나다'
bei-m-dej '사람 냄새가 나다'

min onaki-s teti-ß *onaki-msa-n*.
'나의 오소리 가죽 옷은 오소리 냄새가 난다.' (onaki 오소리, onaki-s 오소리 가죽)
(Cincius 1947: 168)

2) 신체의 일부에 접미사 {-m(-m-ra-/-m-re-)}가 결합되어 장기적이고 지속적인 고통을 의미하는 동사가 파생된다.

ʲasal '눈' → ʲasa-m-daj '(눈이) 아프다'
it '이' → it-e-m-dej '(이가) 아프다'
ur '위' → ur-e-m-dej '(위가) 아프다'

čoppa tunŋa-m anŋan-u *bɔde-mri-n*.
'스테판은 5년 동안 발이 아팠다.' (tunŋan 5, anŋan 해, 년, bɔdel 발)

bi *ŋala-mri-ß*.
'나는 손이 아팠다.' (ŋal 손) (Cincius 1947: 169)

7.2.8 목적

1) 명사에 접미사 {-ma/-me}가 결합되어 어떤 동물을 사냥하거나 잡으러 간다는 의미의 동사가 파생된다.

huličan '암여우' → huli-ma-daj '암여우를 사냥하러 가다'
ǯiliki '담비' → ǯiliki-me-dej '담비를 사냥하러 가다'
niki(-čen) '오리' → niki-me-dej '오리를 사냥하러 가다'
orla '물고기' → orla-ma-daj '물고기를 잡으러 가다'

bi gorla *ul-me-re-m*.
'나는 멀리 다람쥐잡으러 갔다.' (Cincius 1947: 169)

2) 음식이나 물건을 가지러 가는 행위를 나타낼 때에도 이 접미사를 이용한다.

čaj '차' → čaj-ma-daj '차를 가지러 가다'
ulre '고기' → ulre-me-dej '고기를 가지러 가다'

3) 이 접미사를 이용하여 '사람에게 가다' 라는 동사도 만든다.
ńuči '러시아인' → ńuči-ma-daj '(무엇을 가지러) 러시아 사람에게 가다'
ńoka '야쿠트인' → ńoka-ma-daj '(무엇을 가지러) 야쿠트인에게 가다'
bej '사람' → bej-me-dej '(무엇을 가지러) 사람에게 가다'
ǯu '집' → ǯu-ma-daj '손님으로 가다'

4) 접미사 {-mi}는 '어떤 동물을 사냥하다'라는 의미의 동사를 나타낸다.

huličan '암여우' → huli-mi-daj '암여우를 사냥하다'

ǯiliki '담비' → ǯiliki-mi-dej '담비를 사냥하다'
niki(-čen) '오리' → niki-mi-dej '오리를 사냥하다'
orla '물고기' → orla-mi-daj '물고기를 잡다'

mut urekčen-duli *boŋga-mi-ra-p*.
'우리는 산에서 산양을 사냥했다.' (Cincius 1947: 170)

5) 비활동체 명사에 접미사 {-la/-le}[1]가 결합되어 '(무엇을) 가지러 가다'는 동사가 파생된다.

mo '나무' → mo-la-daj '나무하러 가다'
mɔ '물' → mɔ-le-dej '물 길러 가다'
eŋut '들파' → eŋut-le-dej '들파를 따러 가다'

kuŋa teßte-ß *teß-le-n*.
'아이는 딸기를 따러 갔다.' (Cincius 1947: 170)

6) 명사에 접미사 {-li-}가 결합되어 '(무엇을) 모으다'라는 수집 의미의 동사가 파생된다.

mo '나무' → mo-li-daj '나무를 모으다'
mɔ '물' → mɔ-li-dej '물을 긷다'
eŋut '들파' → eŋut-li-dej '파를 따다'

접미사 {-li}, {-la/-le}는 불활동체와 결합하고, 접미사 {-mi}, {-ma/-me}는 활동체와 결합한다. 이런 관점에서 이 접미사들은 의미적으로 상호 관련이

1) 이 접미사는 한국어 파생동사 접미사 {하러}와의 형태적 유사성을 생각해 볼 수 있다.

있다.

활동체 + {-ma/-me, -mi} : 불활동체 + {-la/-le, -li}

7.2.9 시간

1) 접미사 {-s}를 가진 동사는 계절 이름에 붙어 어디서든 주어진 계절을 보낸다는 의미를 가진다.

tugeni '겨울' → tuge-s-tej '겨울을 보내다'
boloni '가을 → bolo-s-taj '가을을 보내다'
ǯugani '여름' → ǯuga-s-taj '여름을 보내다'
nelkeni '봄' → nelke-s-tej '봄을 보내다'

eße-sel nam huli-du-n *ǯuga-s-sot-ta*.
'에벤인들은 바닷 가에서 여름을 보낸다.'

han otki edu *tuge-s-sot-ten*.
'몇몇 오리들은 여기서 겨울을 난다.'

(Cincius 1947: 171)

7.2.10 실행

명사에 접미사 {-ßči}가 결합되어 명사를 '실행한다'는 의미의 동사가 파생된다.

gurge '일' → gurge-ßči-dej '일하다'
hunŋi '주인, 소유자' → hunŋi-ßči-dej '지배하다, 관리하다'

mut olra-mačak-la hʲenmač *gurge-ßči-ßet-ten*.
'우리는 낚시터에서 빨리 일하고 있다.' (Cincius 1947: 172)

7.3 법 (mood)

에벤어 동사에서 법은 9개의 형태가 있다. 이것들은 주문과 종속문에서 술어적 기능을 수행한다. 주문에서 서술어 기능을 수행하는 것들은 직설법, 명령법, 경고법, 의무법, 추측법, 가정법이 있다. 종속문에서 서술어 기능을 수행하는 것들은 조건법, 동시법, 목적법이 있다. 이 가운데 목적법과 동시법은 무인칭 접미사를 가진다.

표 2. 법

<table>
<tr><th>법</th><th>문장 유형</th><th>접미사</th></tr>
<tr><td>직설법</td><td rowspan="6">주문</td><td rowspan="6">인칭</td></tr>
<tr><td>명령법</td></tr>
<tr><td>경고법</td></tr>
<tr><td>의무법</td></tr>
<tr><td>추측법</td></tr>
<tr><td>가정법</td></tr>
<tr><td>조건법</td><td rowspan="3">종속문</td><td>인칭</td></tr>
<tr><td>동시법</td><td rowspan="2">무인칭</td></tr>
<tr><td>목적법</td></tr>
</table>

7.3.1 인칭 접미사

인칭 접미사는 두 그룹으로 구분된다. 첫째, 직설법의 현재와 미래시제에 결합하는 접미사, 둘째, 직설법 이외의 법 형태에 붙는 접미사. 이 경우 동사의 인칭 접미사는 명사의 인칭 소유 접미사와 동일하다. 일부 법(가정법, 경고법)의 복수에서는 법과 인칭의 접미사 사이에서 명사 복수 접미사 {-l-}을 갖는다. 왜냐하면 이것은 복수 접미사 뒤에서 이 접미사에 고유한 음성적 이음을 갖기 때문이다. 인칭 접미사들은 표 3과 같이 동사 변화형의 마지막에 첨가된다.

표 3. 동사의 인칭 접미사

수	인칭	그룹 1	그룹 2		
		직설법 현재, 미래	다른 동사 형태		
			직설법 과거, 당연, 추측, 동시, 조건	경고, 가정	목적
단	1	-m	-ß, -u	-ß, -u	-ku
	2	-nri	-s	-s	-s
	3	-n, -ni	-n	(-n)	-n
복	1 배제	-(r)-u	-ßun, -un	-l-bun	-kun
	1 포함	-p	-t	-l-ti	-t
	2	-s	-san/-sen	-l-san/-l-sen	-san/-sen
	3	-(r)	-tan/-ten	-l	-tan/-ten

(Cincius 1947: 191)

7.3.2 동사 어간의 분류

에벤어 동사는 4개의 어간으로 분류될 수 있다. 표 4는 어간의 마지막 소리에 따라 유형을 구분하고, 그 뒤에 문법적 범주에 따라 첨가되는 접미사들을 제시하고 있다. 문법적 범주는 직설법, 조건법, 형용사로 구분된다.

제1 어간: 모음으로 끝나는 어간 형태

어간이 모음으로 끝나는 동사들은 직설법 현재 단수 3인칭에서 표 3에서와 같이 인칭 접미사 {-n-}을 갖는다.

noŋan ma-n. '그가 죽였다.'

1인칭 단수와 복수, 3인칭 복수에서는 접미사 {-ra/-re}, 또는 {-r}를 갖는다.

bi ma-ra-m. '내가 죽였다.'
과거 단수 1인칭

noŋartan ma-r. '그들이 죽였다.'

표 4. 동사 어간 분류

클래스	하위 분류	어간 마지막		접미사 형태				
				직설법 3인칭 단수	직설법 과거	조건법	형동사 현재	형동사 부정
I		모음		(-ra, -r) -n	-ri	-rak-(a)	-ri	-r
II	a	자음	ß g j k l r m n ŋ	-ra-n	-ri	-rak-(a)	-ri	
	b		d ǯ	-da-n	-di	-dak-(a)	-di	
			t č p	-ta-n	-ti	-tak-(a)-	-ti	
			s	-sa-n	-si	-sak-(a)	-si	
III	a		n	(-a-) -ni	-i	-ak-(a)-	-i	
	b			-a-n	-i	-ak-(a)-	-i	
IV	a	불규칙동사 bi- e-		(-se, -s) -s-ni	-si- -č-(-či-)	-sek-e	-si -ti	-s
	b	o-(d), ga-(d) ne-(d)		-d-ni	-di	-dak-a	-di	-d
	c	deg-		-sa-n	-si	-sak-(a)	-si	-sa

(Cincius 1947: 193)

제2 어간: 자음으로 끝나는 어간 형태

어간이 자음으로 끝나는 동사들은 자음의 특성에 따라 2개의 그룹으로 나뉘어진다.

1) 자음(ß g k l r j m n ŋ) 어간 :

현재시제 3인칭 단수, 1인칭 단수와 복수, 3인칭 복수에서 접미사 {-ra/-re}가 붙는다.

noŋan aß-*ra*-n. '그가 씻었다.'

noŋan ŋen-*re*-n. '그가 갔다.'

2) 자음(d t, ǯ č p, s) 어간 :

어간의 마지막 자음이 d, t, ǯ, č, p, s인 경우 접미사 {-ra/-re}의 자음 /r/이 자음동화에 의해 /d, t, s/로 바뀐다.

- d, ǯ 뒤에서 : -da/-de　　noŋan ʲed-*da*-n '그가 벗었다.'
- t, č, p 뒤에서 : -ta/-te　　noŋan tet-*te*-n '그가 입었다.'
- s 뒤에서 : -sa/-se　　noŋan ʲe-*sa*-n. '그가 도달했다.'

제3 어간: 어간이 자음 /n/으로 끝나는 어간 형태

어간이 자음 /n/으로 끝나는 동사들은 2개의 하위 클래스로 분류된다.

단음절 동사 또는 마지막 음절이 폐음절이거나 다음절 동사로서 마지막 음절에 장모음을 가진 동사의 경우에는 3인칭 단수에서 인칭 접미사 {-ni}가 어간에 바로 붙는다.

noŋan gɔn-*ni*. '그가 말했다.'

noŋan hepken-*ni*. '그가 잡았다.'

noŋan pekteren-*ni*. '그가 쏘았다.'

3인칭 복수에서는 제로 접미사 {ø}를 가진다.

noŋartan gɔn-ø. '그들이 말하였다.'

나머지 다른 인칭에서는 접미사를 갖든지 연결모음 -a- 또는 -e-를 갖는다.

bi gɔn-*e*-m. 내가 말했다.

마지막 음절 앞에 개음절을 가진 동사는 3인칭 단수에서 인칭 접미사 {-n-} 앞에 시제 접미사 {-a/-e}를 붙인다.

noŋan bokn-*a*-n. '그가 따라 잡았다.' (bokan-daj 따라잡다)

제4 어간: 불규칙 동사

에벤어에는 몇 개의 불규칙동사들이 예외적으로 남아 있다.

a) 조동사 *bi-dej* '이다', 부정 조동사 *e-dej* '하지 않다'

이 동사들은 직설법 현재시제에서 모든 인칭에 접미사 {-se}, {-s}를 가진다.

bi hupkučimŋe bi-*se*-n. '나는 선생님이다'

ho aič bi-*s*. '아주 잘 살고 있다'

b) 조동사 *o-daj* '되다', *ga-daj* '가지다', *ne-dej* '놓다'

이 동사들은 직설법 현재시제에서 접미사 {-da/-de}, {-d}를 갖는다.

bi o-d-*da*-m. '내가 한다'(불완료상)
불완료 현재

c) 어간이 자음으로 끝나는 동사들, 즉 *deg-dej* '날다', *ŋal-daj* '손에 쥐다', *en-dej* '아프다', *han-daj* '김이 나다, 안개가 끼다', *in-dej* '등짐지다', *utun-daj* '가렵다', *tuk-tej* '손에 가져가다' 같은 동사들은 직설법 현재에서 접미사 {-sa/-se}를 갖는다.

noŋan deg-*se*-n. '그는 날고 있다.'

소망상의 동사들 중 접미사 {-m}을 갖는 동사들도 제 4 어간 동사 무리에 속한다.

noŋan kol-a-m-*sa*-n. '그는 마시고 싶다.'

noŋan nakat-a-m-*ra*-n. '그는 곰 냄새가 난다.'

7.3.3 직설법

직설법에는 현재, 과거, 미래의 시제에 따라 세 형태가 있다. 에벤어에서 직설법 현재와 미래시제 인칭 접미사 형태는 아주 복잡하다. 현재 시제 복수 1인칭(배제형)의 인칭 접미사와 시제 접미사의 구분은 어렵다. 더욱 더 어려운 것은 복수 3인칭형 현재 시제에서 인칭접미사가 없다는 것이다.

반면에 모음 어간의 시제 접미사는 마지막 모음 소리를 상실한 형태(접미사 -r)이다. 미래시제 형태에서는 더욱 복잡해진다. 미래시제 접미사(-ǯi/-či) 외에 복수 1인칭(배제형)과 복수 3인칭에서 현재시제에 특징적인 접미사도 존재한다. 그래서 현재와 미래시제의 1인칭 복수(배제형)과 3인칭 복수형에서 현재시제 접미사와 인칭 접미사가 구분되지 않는다.

표 5. ha:daj '알다'

		현재 완료 '알았다'	현재 미완료 '안다/알고 있다'	미래 완료 '알 것이다'
단수	1	ha:-ra-m	ha:-d-da-m	ha:-ǯi-m
	2	ha:-nri	ha:-ǯ-i-nri	ha:-ǯi-nri
	3	ha:-n	ha:-d-da-n	ha:-ǯi-n
복수	1	ha:-ra-p (배제)	ha:-d-da-p	ha:-ǯi-p
	1	ha:-r-u (포함)	ha:-d-d-u	ha:-ǯi-r-u
	2	ha:-s	ha:-ǯ-i-s	ha:-ǯi-s
	3	ha:-r	ha:-d-da	ha:-ǯi-r

7.3.3.1 현재시제

친치우스는 에벤어에서 현재시제를 완료된 행위와 미완료된 행위로 구분한다(Cincius 1947: 191). 현재시제를 이렇게 구분한 것은 러시아어의 시제적 관점의 영향으로 보인다. 현재시제에서 중요한 것은 지금 하고 있는 행위가 완료되었는가 아니면 아직 진행 중인가이다. 미완료를 나타내기 위해선 완료 접미사 앞에 **미완료접미사** {-ǯ/-d}가 선행한다.

어간 (+미완료) + 시제 + 인칭

시제 접미사: -ra/-re, -r,
-da/-de, -d,
-ta/-te, -t
-sa/-se, -s
-a/-e
-ø

현재시제는 시제 접미사와 인칭 접미사를 갖는다. 시제 접미사는 〈표 4〉에 제시된 동사 어간 유형에 따라 바뀐다. 모든 유형의 단수와 복수 1인칭에서 시제 접미사가 쓰인다. 3인칭 단수에서도 대부분의 유형에서 시제 접미사가 있다. 3, 4 유형 동사를 제외하곤 단수와 복수 2인칭에서 현재시제 접미사가 쓰이지 않는다.

직설법 현재시제는 주어진 순간에 진행 중이거나 일어난 행위를 의미한다.

bi o-ra-m. '내가 했다.'(현재 시제이지만, 행위는 이미 완료된 상태)[2]
bi o-d-da-m. '내가 한다.'(미완료, 아직 하지는 않은 상태)

2) 일반적으로 이 시제는 한국어의 과거시제와 같은 개념으로 이해될 수 있다.

표 6. 현재시제 완료형

	o:daj '만들다, 하다'	ha:-daj '알다'	bɔ-dej '주다'
bi	o:ra-m	ha:ra-m	bɔ-re-m
hi	o:-ø-nri	ha:-ø-nri	bɔ-ø-nri
noŋan	o:-ra-n	ha:-ø-n	bɔ-ø-n
bu	o:-r-u	ha:-r-u	bɔ-r-u
mut	o:-ra-p	ha:-ra-p	bɔ-re-p
hu	o:-ø-sa	ha:-ø-sa	bɔ-ø-se
noŋartan	o:-ra	ha:-ra	bɔ-re

	aß-daj '씻어내다'	m^jan-daj '놀라다'	gɔn-dej '말하다'
bi	aß-ra-m	m^jan-a-m	gɔn-e-m
hi	aß-a-nri	m^jan-a-nri	gɔn-e-nri
noŋan	aß-ra-n	m^jan-a-n	gɔn-e-n
bu	aß-r-u	m^jan-ø-u	gɔn-ø-u
mut	aß-ra-p	m^jan-a-p	gɔn-e-p
hu	aß-a-s	m^jan-a-s	gɔn-e-s
noŋartan	aß-ra	m^jan-ra	gɔn-e

	it-tej '보다'	tet-tej '입히다'	bak-taj '찾다'
bi	it-te-m	tet-te-m	bak-ra-m
hi	ič-i-nri	tet-te-nri	bak-a-nri
noŋan	it-te-n	tet-te-n	bak-ra-n
bu	it-t-u	tet-t-u	bak-r-u
mut	it-te-p	tet-te-p	bak-ra-p
hu	ič-i-s	tet-e-s	bak-a-s
noŋartan	it-te	tet-te	bak-ra

	ir-dej '익다, 끓다'	kol-daj '다 마시다'
bi	ir-re-m	kol-ra-m
hi	ir-e-nri	kol-ra-nri
noŋan	ir-re-n	kol-ra-n
bu	ir-r-u	kol-r-u
mut	ir-re-p	kol-ra-p

	ir-dej '익다, 끓다'	kol-daj '다 마시다'
hu	ir-e-s	kol-a-s
noŋartan	ir-re	kol-a

	is-taj '도달하다'	bi-dej '이다'
bi	is-sa-m	bi-se-m
hi	is-sa-nri	bi-se-nri
noŋan	is-sa-n	bi-se-n
bu	is-s-u	bi-s-u
mut	is-sa-p	bi-se-p
hu	is-a-s	bi-se-s
noŋartan	is-sa	bi-se

7.3.3.2 과거시제

모든 인칭에서 동사 어간 유형(표 4)에 따라 접미사 {-ri, -di, -ti, -si, -č(i)}를 붙인다. 행위는 과거로 간주되는 시간과 관련을 갖는다.

bi bɔ-*ri*-ß. '내가 주었다.' (전에, 어제 등등)
과거 1인칭 단수

bu ǯebed-*di*-ßun '우리는 (너 빼고) 먹었다.'
'먹다' 과거 직설법 복수 1인칭 배제

mut ǯebed-*di*-t. '우리는 (모두) 먹었다.'
'먹다' 과거 직설법 복수 1인칭 포함

7.3.3.3 미래시제

접미사는 {-ǯi/-či, -te}가 쓰인다. 미래 시제 부정문에서는 조동사 e-tej가 쓰인다. 인칭 접미사는 현재시제와 동일하다. 1인칭 복수 배제형과 3인칭 복수에서는 접미사 {-r}를 보완형으로 갖는다.

bi *bɔ-ǯi-m*. '내가 줄 것이다.'

bu *bɔ-ǯi-r-u*. '우리가 줄 것이다.'

ŋi-de e-te-n *em-r-e*. '아무도 안 올 것이다.'

표 7. 시제 유형의 비교: bɔ-dej '주다'

현재	bi bɔ-ra-m(완료), bɔ-d-da-m(미완료)
과거	bi bɔ-ri-ß
미래	bi bɔ-ǯi-m

에벤어의 시제 개념은 친치우스와 같은 러시아 언어학자들이 에벤어를 정리하면서 도입된 것으로 보인다. 특히 현재시제 완료형과 미완료형은 의미적으로도 모순되는 점이 있다. 예를 들어. *bi bɔram*은 현재시제 완료형으로 영어로 '*I gave*'에 대응된다. 이러한 시제적 불일치를 어떻게 설명할까? 그것은 에벤어 시제에 대한 오해에서 비롯되었다고 할 수 있다.[3]

7.3.4 명령법

명령법 현재시제는 단수 2인칭과 복수 1, 2인칭에서 쓰인다. 2인칭 단수에서는 접미사 {-li, -ni, -ǯi}가 붙는다. 부정문에서는 부정 동사 *e-dej*에 접미사 {-ǯi}만 쓰인다.

---

3) 이것은 한국어에서도 꼭같이 나타난다. 이익섭과 채완(2006: 276-277)은 이와 같은 개념을 한국어에서도 지적한다.

> 겨울이 가고, 봄이 왔다.
> 사과가 빨갛게 익었다.

위 예들은 '어떤 상황이나 상태가 과거로부터 비롯된 것은 분명하지만 그것이 꼭 어느 시점에 발생되었다고 규정짓기 어려운 특성을 지니고 있는 부류들이다.'(이 익섭, 채완 2006: 276) 이러한 특성에 관해 한국어와 에벤어의 유형적 공통점을 연구해 볼 필요가 있다.

bɔ-li '주어라', e-ǯi bɔ-kil '주지 마라'
ŋen-ni '와라', e-ǯi ŋen-kil '오지 마라'

복수 2인칭에서는 접미사가 {-l-ra/-l-re}로 어간에 직접 붙든가 명령법 단수 2인칭형에 붙는다.

bɔ-l-ra ~ bɔ-li-l-ra '주시오' e-ǯi-l-re bɔ-kil-ra '주지 마시오'
ŋen-e-l-re ~ ŋen-ni-l-re '오시오' e-ǯi-l-re ŋen-kil-re '오지 마시오'

복수 1인칭에서는 접미사 {-gar/-ger}(모음과 유성음 뒤), {-kar/-ker}(무성음 뒤), {-ŋar/-ŋer}(-n 뒤)가 붙는다.

bɔ-gar '줍시다' - eger bɔr '주지 맙시다'
ŋen-ger '갑시다' - eger ŋenre '가지 맙시다'
gɔ-ŋer '말합시다' - eger gɔn '말하지 맙시다'

명령법 미래시제는 행위가 말을 하는 시점에 바로 일어나는 것은 아니다. 다른 누군가의 행위를 대신하는 것을 가리킨다. 2인칭 단수와 복수를 제외한 모든 인칭에서 목적법 접미사 {-da/-de}가 붙는다.

bɔ-da-ku '내가 주게 해라' - bɔ-da-kun ~ bɔ-da-t '우리가 주게 하시오'
ŋen-den '그가 가게 해라' - ŋen-den-ten '그들이 가게 하시오'

2인칭형에서는 목적법 무인칭형이나 재귀형과 일치한다.

bɔ-daj '주어라'
ŋen-de-ßur '가라(복수)'

7.3.5 경고법

접미사는 {-ǯik/-čik}이다. 1인칭 단수에서는 보충적으로 접미사 {-ri}가 붙는다.

bɔ-*ǯik*-a-*ri*-ß '내가 주지 않도록' (1인칭 단수)
hur-*ǯik*-e-s '네가 떠나지 않도록' (2인칭 단수)

복수에서는 인칭 접미사 앞에 복수 접미사 {-l}이 첨가된다.

mut ha-*ǯik*-a-l-ti '우리 (모두) 알지 않도록'
bu ha-*ǯik*-a-l bun '(당신 빼고)우리가 알지 않도록' (ha-daj '알다')
ha-*ǯik*-a-l-san '당신이 알지 않도록' (2인칭 복수)

3인칭형에서는 인칭 접미사가 없다.

ha-*ǯik* '그가 알지 않도록' (3인칭 단수)
ha-*ǯik*-a-l '그들이 알지 않도록' (3인칭 복수)

7.3.6 의무법

이 형태는 불가피한 행위를 나타낸다. 접미사는 {-nna/-nne}이다.

bi bɔ-*nna*-ß. '내가 주어야 한다.'
hi bɔ-*nna*-s. '네가 주어야 한다.'
hi ere-ß oro-m ǯaßu-*nna*-s. '네가 이 순록을 잡아야 한다.'

7.3.7 추측법

이 형태는 행위의 개연성을 나타낸다. 접미사는 {-mna/-mne}를 가진다.

bi ha-*man*-ß. '(아마도) 내가 알 것 같다.'

7.3.8 가정법

접미사는 {-mč(i)}로서 이 접미사 뒤에 인칭 접미사가 붙는다. 복수에서는 인칭 접미사 앞에 복수 접미사 {-l-}이 삽입된다.

bi ha-*mč*-u '내가 알았더라면'
hi ha-*mči*-s '네가 알았더라면'
mut(포함) ha-*mči*-l-ti ~ bu(배제) ha-*mči*-l-bun. '우리가 알았더라면'

가정법은 주문의 서술어로서만 나타난다.

ʲemanra tik-*rek*-e-n, hulda-*mč*-u.
조건법 가정법
'눈이 내렸더라면, 나는 썰매를 탔을텐데.' (tik-tej 떨어지다, hulda 썰매, hulda-daj 썰매를 타다)
(Cincius 1947: 199)

7.3.9 조건법

접미사는 {-rak/-rek}, {-dak/-dek}, {-tak/-tek}, {-sak/-sek}, {-ak/-ek}이다.

ma-*rak*-u '내가 죽인다면/죽였을 때/죽였다면/죽였기 때문에'
tet-*tek*-e-sen '당신이 입는다면/입었을 때/입었다면/입었기 때문에'

종속절에 조건법 형태가 있을 때 주절의 서술어는 가정법 형태로 나타나는 경우가 아주 빈번하다.

huliča-m *ma-rak-u*, aj *bi-mči*.
조건법 가정법
'(내가) 여우를 죽였다면, 좋았을텐데.'

(Cincius 1947: 200)

7.3.10 동시법

조건법과 유사하나, 다른 행위와 동시에 일어나는 부차적 행위를 가리킨다. 시간적으로는 차이가 있다. 접미사는 {-ŋsi}이다.

bi-*ŋsi*-ß '내가 살았을 때'
bi-*ŋsi*-n '그가 살았을 때'

인칭 접미사 이외에 단수와 복수에서 무인칭 또는 재귀 접미사{-j}나 {-ßur}를 갖는다.

bi-*ŋsi-j* '살았을 때'(단수로 주절의 인칭과 일치하는 종속절에서)
(-j는 무인칭형 재귀소유 접미사)
bi-*ŋsi-ßur* '살았을 때'(복수로 주절의 인칭과 일치하는 종속절에서)

buju-m *ma-ŋsi-ß*, noŋartan aič bi-si-ten.
'야생순록을 (내가) 죽이곤 했을 때, 그들은 잘 살았다.'

aman-si *bi-ŋsi-n*, tačin aič ini-let-tit, noŋan malan *bi-ŋsi-j*.
'네 아버지가 있었을 때 또한 (우리 모두) 잘 살았다. 그가 좋은 사냥꾼이었기 때문이다.'

(malan 좋은 사냥꾼, ini 생명, 생활, 존재, in-dej 살다, ini-let 살아있는) (Cincius 1947: 200)

7.3.11 목적법

접미사는 {-da/-de}, {-ta/-te}이다. 인칭 접미사(122쪽 표 3 참조)를 가진다.

bɔ-da-ku '내가 주도록' (1인칭 단수)
em-de-kun '우리가 오도록' (em-dej 오다) (1인칭 복수 배제형)
gɔn-de-san '너희들이 말하도록' (2인칭 복수)

목적법도 동시법에서 처럼 단수와 복수에서 무인칭형이나 재귀형 접미사를 갖는다. 접미사는 {-daj/-dej/-taj/-tej},[4] {-daßur/-deßur/-taßur/-teßur}이다.

ge, h^je-t-ta-*daßur* bel-*dej* em-ni.[5]
'자, (순록이) 뛰도록 도우러 와라.' (h^je-tej 뛰어오르다, 돌출하다, 나오다, bel-dej 돕다)
(Cincius 1947: 201)

7.4 조동사

조동사는 본동사와 함께 복합술어를 만든다. 조동사에는 긍정 조동사와 부정 조동사가 있다. 긍정 조동사에는 *bi-daj* '이다', *o-daj* '되다', *ńek-tej* '하려고 하다', *mulgat-taj* '생각하다'가 있다. 부정 조동사에는 *e-dej* '아니'가 있다.

이와 함께 부정 양상동사로 *turku-dej* '할 수 없다', *ose-dej* '할 수 없다(처지가 아니다)', *nun-dej* '할 수 없다(능력)', *olba-daj* '할 수 없다(불운)', *he-dej* '할 수 없다(장애 극복 능력 부족)', *ba-daj* '할 수 없다(원하지 않거나 게

4) {-daj} 접미사는 미정형 접미사로도 쓰인다.
5) 이 문장을 친치우스는 다음과 같이 제시하였다.
ge, emni beldej h^jettadaßur.

으름)'가 있다.

표 8. 조동사

긍정	부정
bi-daj '이다' o-daj '되다' ńek-tej '하려고 하다' mulgat-taj '생각하다'	e-dej '아니'

표 9. 부정 양상 조동사

동사	의미
turku-dej	'할 수 없다'
ose-dej	'할 수 없다(처지가 아니다)'
nun-dej	'할 수 없다(능력)'
olba-daj	'할 수 없다(불운)'
he-dej	'할 수 없다(장애 극복 능력 부족)'
ba-daj	'할 수 없다(원하지 않거나 게으름)'

7.4.1 긍정 조동사

7.4.1.1 bi-dej

연계사로서 모든 명사적, 형동사적 술어에 포함된다.

bi hupkučimŋe *bi-se-m*. '나는 선생님이다.' (현재 1인칭 단수)
bu orol-kal-sal *bi-s-u*. '우리는 순록치기들이다.' (현재 1인칭 복수 배제형)
hi omŋača *bi-se-nri*. '너는 건망증환자이다.' (현재 2인칭 단수)

예외적으로 직설법 3인칭 단수와 복수에서는 조동사가 생략된다.

noŋan begdečimŋe. '그는 의사(이다)'
noŋartan kučuker. '그들은 어린애들(이다).'

akm-u bujusče. '나의 형은 사냥꾼(이다).'

3인칭에서는 연계사가 필수이다.

noŋartan hergege-ten nɔ-ten Ye *bi-si-n*.

'그들 중에서 가장 어린 형제는 '예' 였다.'

noŋan eŋi-de *bi-si-n*.

'그는 강하였다.' (herge, hergen, hergenen 가장 어린(아이), nɔ 동생, 누이, eŋi 힘)

(Cincius 1947: 202)

표 9. 복합 명사 술어에서 연계동사와 명사의 결합:

현재시제

단수	1	bi kučuken bi-se-m. '나는 어린애이다.'
	2	hi kučuken bi-se-nri. '너는 어린애이다.'
	3	noŋan kučuken (bi-s-ni). '그는 어린애이다.'
복수	1 포함	mut kučuker bi-se-p. '우리는 어린애들이다.'
	1 배제	bu kučuker bi-se-p. '우리는 어린애들이다.'
	2	hu kučuker bi-se-s. '너희는 어린애들이다.'
	3	noŋartan kučuker (bis). '그들은 어린애들이다.'

직설법 과거시제

단수	1	bi kučuken bi-si-ß. '나는 어린애였다.'
	2	hi kučuken bi-si-s. '너는 어린애였다.'
	3	noŋan kučuken bi-si-n. '그는 어린애였다.'
복수	1 포함	mut kučuker bi-si-t. '우리는 어린애였다.'
	1 배제	bu kučuker bi-si-ßun. '우리는 어린애였다.'
	2	hu kučuker bi-si-sen. '너희는 어린애였다.'
	3	noŋartan kučuker bi-si-ten. '그들은 어린애들이었다.'

7.4.1.2 자립적인 본동사로 활용되는 조동사

조동사들이 자립적인 본동사로도 활용된다.

bi-dej '이다, 살다, 존재하다, 위치하다, 있다'
o-daj '되다, 되어지다'
이 동사들은 명사적 술어부의 조동사로서 연계사 기능을 한다.

etiken atika-ńun *bi-d-de*. '할아버지는 할머니와 살고 있다.'
bi ńuči-dič aič duk-ri *o-d-am*. '나는 노어로 잘 쓰기 시작하였다.' (duk-taj 쓰다)
kačikačam-u egǯen *o-d-ni*. '나의 강아지가 컸다(크게 되었다).'
(Cincius 1947: 203)

자립적 본동사로서도 활용된다.

montelse *o-d-ni*. '가을이 왔다.' (Cincius 1947: 203)

ńek-tej '하려고 하다, 시도하다', *mulgat-taj* '생각하다, 가정하다'는 동사 합성술어의 일부로서 재귀 접미사 {-daj/-dej/-taj/-tej, -daßur/-deßur/-taßur/-teßur}를 가진 목적법 형태를 취한다(135쪽 7.3.11 참조).

mut buju-deßur *ńek-re-p*.
'우리는 사냥 가려고 했다.'

bi oro-r-bi urekčen-teki huruken-dej *mulgat-tam*.
'나는 순록들을 산으로 데려 가기로 결심했다.' (Cincius 1947: 204)

자립적 본동사로서 쓰이기도 한다.
ʲaß *ńek-en-ri?* - ʲaß-da e-se-m *ńek-re*.
'무엇을 (너는) 하려고 하니? - 아무 것도 안 할 것이다.' (Cincius 1947: 204)

7.4.2 부정 조동사

*e-dej*는 자립적으로 사용되지 않으며, 고유한 의미도 가지고 있지 않는 조동사이다. 그러나 인칭, 시제, 법에 따라 변화하며, 부동사와 형동사 형태를 가진다. 이 조동사와 함께 쓰이는 본동사는 접미사 {-r/-ra/-re} 등을 가진 형동사 형태를 취한다.

bi *e-se-m* o-r. '나는 안 한다.'
hi *e-se-nri* o-r. '너는 안 한다.'
noŋan *e-s-ni* o-r. '그는 안 한다.'

2인칭 단수와 복수 현재시제 명령법 형태에서 부정 명령인 경우 접미사 {-kil, -kilra/-kilre}를 갖는다.

e-ǯi o-kil! '하지 마라!'
e-ǯi-lre o-kil-ra! '하지 마시오!'

부정 조동사 *e-dej*는 본래의 의미를 상실하였기 때문에 상과 태의 접미사는 본동사와 결합한다.

bi *e-se-m* hoŋ-a-l-ra.
'나는 안 울었다.'(시작상-l-) (hoŋ-daj 울다)

berken huliča-m *e-s-ni* berke-m-se.
'소총수는 여우를 안 죽이고 싶었다.'(소망상-m-) (berken-dej 총을 쏘다)

(Cincius 1947: 204)

7.4.3 복합동사 구문

조동사와 본동사는 복합동사 술어 구문을 만든다. 부정양상 동사들은 *e-dej*와 달리 1) '할 수 없다'라는 의미의 뉘앙스를 가진 특별한 의미를 가지며, 2) 복합술어에서 조동사의 기능을 한다. 이러한 동사들은 접미사 {-ŋa/-ŋe}를 가진 형동사 형태를 취하거나 접미사 {-mi}를 가진 조건 부동사이거나 접미사 {-daj/-dej}를 가진 목적법 무인칭형일 수 있다.

bi *turku-re-m* ma-ŋa. '나는 죽일 수 없다.' (turku-dej 할 수 없다)

bi *ose-re-m* gʲerka-ŋa. '나는 다닐 수 없다.' (상황이)

(ose-dej 할 수 없다, gʲerka-daj 다니다)

bi *nun-re-m* momi-ß o-ŋa. '나는 배를 만들 수 없다.' (능력)

(nun-daj 할 수 없다)

bi *olba-ra-m* oro-m bak-ŋa. '나는 순록을 찾을 수 없다.' (불운)

(olba-daj 늦다, 못 하다)

bi [okatu daß-ŋa] *he-rem*. '나는 강을 건널 수 없다.' (장애로)

(he-dej 할 수 없다, daß-daj 건너다)

Bi *ba-ram* hur-ŋe. '나는 가고 싶지 않다.'

(ba-daj 하고 싶지 않다, hur-dej 가다, 다니다)

(Cincius 1947: 205)

bi *esem* [orom *ǯaß-ra*]. '나는 [순록을 잡지] 않았다.'

noŋartan *esten* [gorod-taki hur-re]. '그들은 도시로 가지 않았다.'

(Cincius 1947: 205)

친치우스는 위 예문들을 문장 내에서 조동사의 위치에 관해 의문을 갖게 한다. 위 예문들의 어순을 '주어 + 조동사 + 목적어 + 본동사'의 순으로 제시하였다. 아마도 이것은 러시아어 화법의 영향이 아닐까 생각된다. 이것을 에벤어 화자인 벨롤륩스카야 교수에게 확인한 결과 에벤 사람들에게는 부자

연스러운 어순이었다. 에벤 사람들에게 자연스러운 어순은 '**주어 + 목적어 + 본동사 + 조동사**'이다. 이것이 퉁구스어의 고유한 어순으로 생각된다. 사하 공화국의 공용어로 쓰이는 사하(야쿠트)어도 '본동사+조동사'의 어순을 철저히 유지하고 있다. 위 예문들도 어순에 관해서 모두 재정렬되는 것이 타당하다고 생각된다. 친치우스는 위 예문 중에서 다음 예문을 유일하게 조동사를 문장 마지막에 두었다.

bi [okat-u daß-ŋa] *he-re-m*.
주어 대격 형동사 조동사 현재
'나는 강을 건너지 못한다.'

140쪽의 예문들을 재정렬하면 다음과 같다.

bi ma-ŋa *turku-re-m*. '나는 죽일 수 없다.'

bi g^j^erka-ŋa *ose-re-m*. '나는 다닐 수 없다.' (상황이)

bi [momi-ß o-ŋa] *nun-re-m*. '나는 배를 만들 수 없다.' (능력)

bi [oro-m bak-ŋa] *olba-ra-m*. '나는 순록을 찾을 수 없다.' (불운)

bi [okatu daß-ŋa] *he-re-m*. '나는 강을 건널 수 없다.' (장애로)

bi hur-ŋe *ba-ra-m*. '나는 가고 싶지 않다.'

bi [orom ǯaß-ra] *e-se-m*. '나는 [순록을 잡지] 않았다.'

noŋartan [gorod-taki hur-re] *e-s-ten*. '그들은 [도시로 가지] 않았다.'

부정 조사 *ačča*는 행위나 상황의 결여를 나타낸다.

ele oron *ačča*. '여기 순록이 없다.'

min *ačča* bi-se-ku, hu čeleǯu-r kɔke-mčil-sen.
'내가 안 있었더라면, 너희들 모두들 (기아로) 죽었을 텐데.' (kɔke-dej 죽다)

(Cincius 1947: 205)

7.5 의문동사

의문동사에는 ^{j}*a-daj?* '무엇을 하는가?'를 기본으로 여러 형태의 동사들이 파생된다. 이 동사는 의문대명사 ja-k? '무엇?', '누구?'에서 파생된 것이다.

bi ^{j}a-ra-m? bi ma-ra-m. '내가 무얼 했지? 내가 죽였다.'
noŋan ^{j}a-ǯ-in? '그가 무얼 할 거지?'

^{j}*a-daj?* 는 상과 태 형태에 따라 접미사를 취한다.

^{j}a-daj? '무엇을 하는가?' (완료상)
^{j}a-d-daj? '무엇을 하는가?' (불완료상)
^{j}a-l-daj? '무엇을 하기 시작하는가?' (시작상)
^{j}a-ßkan-daj? '무엇을 강요하는가?' (촉진태)

(Cincius 1947: 206)

이와 같이 의문동사 ^{j}*a-daj?*는 인칭, 시제, 법, 상, 태의 형태를 갖는다. 동사 *ič-uken-dej* '보여주다'는 *it-tej* '보다'의 촉진태로서 의문사 ^{j}*a-daj?*에 대한 대답이다. 동사 *teg-uken-dej* '앉히다'는 *teg-dej* '앉다'의 촉진태로서 ^{j}*a-ßkan-daj?* '무엇을 강요하는가?'(촉진태)에 대한 대답이다. 동사 *bak-a-lda-daj* '(서로) 만나다'는 *bak-taj* '찾다'의 공동태로서 의문사 ^{j}*a-daj?*에 대한 대답이다. 동사 *ǯaß-a-lda-daj* '(서로) 잡다'는 ^{j}*a-lda-daj?*에 대한 대답이며, 동사 *ǯaß-daj* '잡다'는 ^{j}*a-daj?*에 대한 대답이다.

대명사 ^{j}a(k)-에서 파생된 의문사들로는 다음과 같은 것들이 있다.

표 10.

기본동사	촉진태	공동태
ʲa-daj?	**ʲa-ßkan-daj?**	**ʲa-lda-daj?**
it-tej '보다'	ič-uken-dej '보여주다'	
teg-dej '앉다'	teg-uken-dej '앉히다'	
bak-taj '찾다'		bak-a-lda-daj '만나다'
ʒaß-daj '잡다'		ʒaß-a-lda-daj '서로 잡다'

ʲa-lta-daj? '(무엇을) 하다, 모으다'

ʲa-g-daj? '(무엇을) 준비하다, 이용하다'

ʲa-lba-daj? '(무엇을) 얻다'

ʲa-lat-taj? '(무엇을) 소유하다'

ʲa-t-taj? '(누구와의 관계에서) ~가 되다'

ʲa-kat-taj? '(누구를 무엇으로) 묘사하다, 역할하다'

ʲa-ti-daj? '(무엇을) 먹다'

ʲa-m-daj? '(무슨-누구) 냄새가 나다'

ʲa-mi-daj? '(무엇을) 사냥하다'

(Cincius 1947: 207)

noŋan hirka-m-i ʲa-lta-n?
대격/비인칭소유

'그는 자기 칼로 무엇을 했니?' (hirkan 칼)

(Cincius 1947: 207)

이밖에 의문 대명사 *adi* '몇', *asun* '얼마나 큰'에서 파생된 의문사들이 있다.

adi-lta-daj '몇 부분으로 나누다'

asu-lta-daj '얼만한 크기로 만들다'

hi usi-ß *adi-lta-nri?* '너는 가죽을 몇 조각으로 나누었니?'
- *ńuŋe-lte-re-m*. '여섯 조각으로 나누었다.'
noŋan maßu-ti *asu-lta-din?* '그는 자기 올가미로 무엇을 할 것이냐?'
- *urumku-lte-ǯin*. '줄일 것이다.' (urumkun 짧은, urumku-lte-dej 줄이다)
(Cincius 1947: 208)

7.6 태(voice)

태(voice)는 행위를 바라보는 관점을 분류하는 기준이다. 태에는 능동, 수동, 재귀가 일반적이다. 에벤어에는 중간, 중간-재귀, 촉진, 상호, 동반의 태가 더 있다. 에벤어에서 태는 특수한 접미사에 의해 형성되지만, 동사 어간이 가진 본래의 의미에 내재된 경우도 있다.

7.6.1 중간태

이 동사들의 어간은 능동적 행위를 나타낸다. 대부분의 동사가 여기에 속한다. 이 동사들에서 수동태를 직접 만들 수는 없다.

ŋen-dej '가다'	hur-dej '떠나다'	em-dej '오다'
i-dej '들어가다'	ńu-dej '나가다'	ńon-dej '떠어가다'
teg-dej '(사람이) 앉다'	do-daj '(새가) 앉다'	

ete-ß umneken mereŋte-č *buju-n*. hisečin *em-re-n*.
'할아버지가 언젠가 썰매를 타고 사냥을 갔다.' '저녁에 돌아왔다.'
(mereŋte 썰매, buju-dej 사냥을 나가다, hisečin 저녁에) (Cincius 1947: 173)

7.6.2 능동태

타동사로 목적어를 갖는다. 목적어는 대격이나 지정된 격 형태를 갖는다. 여기서 수동태가 만들어진다.

ma-daj '죽이다'　　　it-tej '보다'
bak-taj '발견하다'　　　hepken-dej '빼앗다'
emen-dej '남기다'

am-mu tiniß nakat-u *ma-n*. '(나의) 아버지가 어제 곰을 죽였다.'
bi kučuke-m kačikaŋa-j *irge-re-m*. '나는 작은 강아지를 키웠다.'

(Cincius 1947: 173)

일부 동사들은 타동사이지만, 자동사와 같은 의미도 나타낸다. 즉, '숨겨진 자동사'로서 주어와 동사들은 재귀적 관계를 갖는다.

aß-daj '씻기다; 씻다'
tet-tej '입히다 ; 입다'
kol-daj '마시게 하다 ; 마시다'

bi baǯikar *teg-re-m, tet-te-m, aß-ra-m*.
'나는 아침에 일어나 옷입고 씻었다'

nu-ß iti-j *aß-ra-n*, tetij-de *tet-te-n*.
인칭소유 비인칭소유
'내 동생은 자기 얼굴을 씻고 옷도 입었다.' (it 이, iti 얼굴)

(Cincius 1947: 174)

자동사와 타동사가 특별한 형태적 표지에 의해 구분되는 동사들이 있다. 타동사 능동태는 {-l-}, 자동사 중간태는 {-r-}로 표시된다.

teke-l-dej '떼다' --- teke-r-dej '떼어지다'
nasa-l-daj '찢다' --- nasa-r-daj '찢어지다'
toŋe-l-dej '뚫다' --- toŋe-r-dej '뚫어지다'

bi teti-j teke-l-re-m. min teti-ß teke-r-ren.
비인칭소유 인칭소유
'나는 내 옷을 찢었다.' '나의 옷이 찢어졌다.'
(Cincius 1947: 174)

어간 모음의 교체로 자동사와 타동사를 구분하는 경우가 드물게 있다.

olg-i-daj '말리다' --- 'olg-a-daj 마르다'
dabd-i-daj '이기다' --- dabd-a-daj '지다'
cf. nabg-i-daj '붙이다' --- nabg-an-daj '붙다'

kam *olg-a-l-ra-n*. ńoče hilesi *olg-i-či-l-ran*.
계속 복
'건어가 마르기 시작했다.' '식물이 이슬을 말리기 시작했다.'
(Cincius 1947: 174)

*** 능동태 동사의 파생 :**

중간태로부터 능동태 동사들이 파생된다.

a) 어간에 접미사 {-i}나 {-gi}가 붙어 능동태와 중간태가 구분된다.

hiß-dej '꺼지다' --- hiß-i-dej '끄다'
ir-dej '끓다, 익다' --- ir-i-dej '끓이다'
hil-dej '괴로와하다' --- hil-gi-dej '괴롭히다'
daß-daj '상처받다' --- daß-gi-daj '상처내다'

gulin *hiß-re-n*. bi tog-u *hiß-i-re-n*.
'모닥불이 꺼졌다.' '내가 불을 껐다.' (Cincius 1947: 175)

b) 접미사 {-ß/-u}에 의해 중간태 동사들이 능동태가 된다. 특히 운반, 이동 등의 의미의 동사들에서 이 현상이 나타난다.

ŋen-dej '가다'	---	ŋen-u-dej '가져가다, 데리고 가다'
hur-dej '떠나다'	---	hur-u-dej '가져가 버리다'
em-dej '오다'	---	em-u-dej '가져오다'
i-dej '들어오다'	---	i-ß-dej '들여오다'

유사한 의미를 갖기도 한다.

bur-dej '(불이) 타다'	---	bur-u-dej '태우다'
tet-tej '입다'	---	tet-u-tej '(옷을) 입히다'
kol-daj '(물을) 먹다, 마시다'	---	kol-u-daj '(물을) 먹이다'

kuŋa-l *hur-re*. '아이들이 떠났다.'
noŋartan kačikam-u *hur-u-r*. '그들은 나의 강아지를 가져갔다.'
ete-ß em-re-n. '나의 할아버지가 오셨다.'
noŋan kačikam-u *em-u-n*. '그는 나의 강아지를 가져왔다.'

(Cincius 1947: 175)

7.6.3 수동태

수동태는 접미사 {-ß} (모음 어간, 일부 자음 어간), {-u} (자음 어간, -n- 어간 제외), {-m} (-n- 어간) 에 의해 능동태로부터 파생된다. 접미사 {-ß}, {-u}, {-m}은 형태음소적으로 상보적 관계에 있는 이형태들이다. 수동태 접미사는 {-ß}로서, 자음 뒤에서는 음절 구조적 특성 때문에 모음 /u/로 되고, 비음 /n/ 뒤에서는 자음동화에 의해 /m/이 된다.

ma-daj '죽이다' --- *ma-ß-daj* '죽다, 죽여지다'

bak-taj '찾다' --- *bak-a-ß-daj* '찾아지다'

it-tej '보다' --- *iči-ß-dej* '보이다'

hepken-dej '잡다' --- *hepke-m-dej* '잡히다'

emen-dej '남기다' --- *eme-m-dej* '남다, 남겨지다'

oron mindu *baka-ß-ra-n*. '순록은 나에 의해 찾아졌다.' (순록을 내가 찾았다)

(Cincius 1947: 176)

접미사 {-ß/-u} 에 의해 중간태에서 파생된 능동태 동사들이 접미사 {-ß/-u} 를 다시 가지면 수동태가 된다.

중간태 + {-ß/-u} → **능동태**

능동태 + {-ß/-u} → **수동태**

중간태		능동태		수동태
i-dej '들어오다'	→	i-ß-dej '가지고 들어오다'	→	i-ß-u-ß-dej '들여와지다'
ŋen-dej '가다'	→	ŋen-u-dej '가져오다'	→	ŋen-u-ß-dej '가져와지다'
em-dej '오다'	→	em-u-dej '가져오다'	→	em-u-ß-dej '가져와지다'

bi ʒu-laj oro-m *em-u-re-m*. '나는 집으로 순록을 데려왔다.' (능동)

oron mindu em-u-ß-ri-n. 순록'은 나에 의해 데려와졌다.' (내가 순록을 데려왔다.)(수동)

(Cincius 1947: 176)

7.6.4 중간-재귀태

이 동사에 의한 행위는 주어가 행위 주체가 아니라 제 3자인 것처럼 말해진다.

7.6.4.1 접미사 {-b/-p-}

ma-daj '죽이다' --- *ma-b-daj* '죽여지다'

aŋa-daj '열다' --- *aŋa-b-daj* '열리다'

čak-taj '모으다' --- *čak-a-b-daj* '모이다'

gɔn-dej '말하다' --- *gɔ-b-dej* '말해지다'

etiken atikan-čil *em-ep-te.*
'노인은 할머니와 남았다.' (Cincius 1947: 177)

ʲek-ta es-ni *unije-p-te.*
'아무 것도 안 샀다.' (Lebedev 1982: 84)

7.6.4.2 접미사 {-rga/-rge-}

hulal-daj '빨개지다 --- *hula-rga-daj* '빨개지다' (완)

hiŋal-daj '노랗게 되다, 노래지다' --- *hiŋa-rga-daj* '노래지다' (완)

montelse o-d-ni, git *čulba-rga-n,* himtečen *hula-rga-n.*
'가을이 왔다.' '딸기가 파래지고 들딸기가 빨개졌다.'
(Cincius 1947: 177)

7.6.5 촉진태

강제, 사역, 이유, 강요, 간청의 뜻을 나타낸다. 접미사 {-ßkan/-ßken}은 모음 어간에, {-ukan/-uken}은 자음 어간(n-어간 제외)에, {-mkan/-mken}은

-n-어간에 붙는다.

ma-daj '죽이다' --- *ma-ßkan-daj* '죽이게 하다'
it-tej '보다' --- *ič-uken-dej* '보게 하다'
em-dej '오다' --- *em-uken-dej* '오게 하다'
gɔn-dej '말하다' --- *gɔ-mken-dej* '말하게 하다'

bi, noŋman ǯal-u-čaß bak-ri-ǯi, hu-n ǯeb-de-sen *emu-ßken-ǯi-m*.
'나는 그가 배부른 것을 알았다면, 당신에게 먹을 것을 가져오라 했을 것이다.'
(ǯal-u-daj 배부르다, bak-taj 발견하다, ǯeb-dej 먹다)

bu ǯuriǯur hun ǯeb-de-sen *emu-ǯi-ru*.
'우리는 둘씩 당신에게 먹을 것을 가져올 것이다.'

munrukan *ńon-ni*. hi munrukan-gur *ńo-mkan-an-ri*.
'토끼가 도망갔다.' '네가 우리의 토끼를 도망가게 했다.'
(ńon-daj 도망가다, ńo-mkan-daj 도망가게 하다) (Cincius 1947: 177)

7.6.6 상호태

주체와 객체가 동등한 상태를 가정하고 행위가 상호간에 미치는 경우를 나타낸다.

접미사는 {-mat}이다.

bɔ-daj '주다' --- *bɔ-mat-taj* '서로 주다'
it-tej '보다' --- *it-met-tej* '서로 보다, 만나다'
gɔn-dej '말하다' --- *gɔ-met-tej* '서로 말하다'

noŋartan *ha-mat-ta*. '그들은 서로 알고 있다.' (Cincius 1947: 178)

7.6.7 동반태

2-3 명의 사람들이 행위에 참여하는 경우를 나타내며, 상호태와 유사한 경우도 있다. 접미사 {-lda/-lde}로 구성된다.

bak-taj '찾다, 발견하다' --- bak-a-lda-daj '(서로) 만나다'
hepken-dej '잡다' --- hepke-lde-dej '(서로) 붙잡다'

표 11. bak-taj '찾다'의 태

어근	접미사	기본형 어미	의미	태
bak-	ø	-taj	찾다, 발견하다	능동태
bak-	-(a)-ß-	-daj	발견되다	수동
bak-	-u-	-daj	있다(태어나다)	중간-재귀
bak-	-(a)-p-	-taj	있다(태어나다)	중간-재귀
bak-	-ukan-	-daj	찾게 하다	촉진태
bak-	-mač-	-taj	서로 찾다	상호
bak-	-(a)-lda-	-daj	만나다	동반

(Cincius 1947: 178)

태 접미사 형태는 대격 어미와 형태음성적으로 서로 호환성이 있다.

표 12. 대격 조사와 태 접미사의 음성적 유사성

조사/접미사	모음 뒤	자음 뒤	/n/ 뒤
대격	-ß	-u	-m
수동태	-ß	-u	-m
촉진태 첫 소리	-ß-kan	-u-kan	-m-kan

7.7 상)(aspecet)

상(aspect)은 행위의 양태를 나타내어 주는 의미적 범주이다. 보통 행위 사실 자체나 진행, 반복, 습관 여부에 따라 완료상과 불완료상으로 구분된다. 친치우스(1947)는 상을 19개 형태로 구분하고 있다. 노비코바, 글라드코바 & 로베크(1991)는 12개로 분류한다. 레베데프(1982: 79-80)는 아직 논쟁이 많은 문법 범주로서 오호츠크 방언에서는 발견되지 않는다고 하였다. 본서에서는 친치우스의 상 분류를 기본으로 상을 제시한다.

7.7.1 완료상

완료상에 대한 형태적 표지는 없다. 불완료상이나 계속상 표지가 없으면 완료상으로 이해된다.

ma-daj '죽이다'	it-tej '보다'
i-dej '들어가다'	iß-dej '가지고 들어오다'
tet-tej '입다'	emen-dej '남기다'
emeb-dej '남다'	tik-tej '떨어지다'
tik-uken-dej '떨어뜨리다'	

urekčen-duli heb-gičin *h^j^en*.
'산 둘레에 연기 같은 것이 보였다.' (h^j^e-dej 나타나다, ~처럼 보이다)

ńulten togečin-dule *in*.
'해가 구름 뒤로 들어갔다(숨었다).'

čalbukag čimen *nurgene-lre-n*.
'자작나무 가지들이 춤추기 시작했다.'

bujusem-ŋ-e basi-n *edeme-lre-n*.
'사냥꾼의 겉옷이 흔들리기 시작했다.' (Cincius 1947: 180)

7.7.2 불완료상

접미사 {-ǯi/-d} 또는 {-ǯid-} (-n- 어간)를 이용하여 끝나지 않은 행위를 나타낸다.

*ma-**d**-daj* '죽인다'	*ič-i-**d**-dej* '본다'
*tet-e-**d**-dej* '입는다'	*gɔn-**ǯid**-dej* '말한다'

hu ile *ŋen-e-**ǯi**-s?* - bu *buju-**d**-du*.
'너희들은 어디로 가니?' '우리는 사냥하러 간다.'
(Cincius 1947: 180)

에벤어에서 완료상과 불완료상은 현재시제로 분류된다. 현재시제 완료형은 행위가 과거로 보이지만 이것은 시제의미보다 상태가 완료되었다는 의미를 강조한다.[6]

7.7.3 계속상

접속사 {-č/-t}, 또는 {-či} (-n- 어간에서 /n/은 /ŋ/으로 바뀐다)를 써서 행위가 정점에 있는 상황을 나타낸다.

teg-dej '앉다'(완), teg-e-d-dej '앉다'(불완) --- *teg-e-**t**-tej* '앉아있다'
ʲel-taj '일어나다'(완), ʲel-a-d-daj '일어나다'(불완) --- *ʲel-a-**t**-taj* '서 있다'
ǯaß-daj '잡다'(완), ǯaß-a-d-daj '잡다'(불완) --- *ǯaß-u-**t**-taj* '쥐고 있다, 지탱하다'
ńon-daj '도망가다'(완), ńon-ǯid-daj '도망가다'(불완) --- *ńoŋ-**či**-daj* '뛰고 있다'

6) 한국어에서도 '사과가 익었다'라는 표현이 과거시제 접미사 {-었-}을 가지고 있지만 이것은 '과거가 아니라 현재의 상태'(이익섭, 채완 2006: 272)를 나타낸다.

mačanǯa etiken iŋarinǯa okat-lan ɔrin-ni.
'바실리 노인은 잉가린쟈 강가에 살았다.' (ɔrin-dej 집에서 살다)

mut dalilan *ɔriŋ-**či**-rep*.
'우리는 근처에 살고 있었다.'

(Cincius 1947: 181)

7.7.4 시작상

이 상은 행위의 시작을 의미하며, 접미사 {-l-}을 가진다.

ma-daj '죽이다' *ma-**l**-daj* '죽이기/사냥하기 시작하다' (인생에서 처음으로)
hoŋ-daj '울다' *hoŋ-a-**l**-daj* '울기 시작하다'
ʲes-taj '도달하다' *ʲes-a-**l**-daj* '가까와지다, 거의 도달하다'

tarič tɔli-m hoči *aʲaβa-**l**-an*.
'그 다음 (나는) 바깥을(유르타 밖을) 아주 좋아하기 시작하였다.'

(aʲaß-daj 좋아하다, aʲaßa-l-daj 좋아하게 되다, tɔlin 바깥)

noŋan mine-č *ŋele-**l**-re-n*. '그는 나를 무서워하기 시작하였다.'

(ŋel-dej 무서워하다, ŋele-l-dej 무서워하게 되다) (Cincius 1947: 182)

7.7.5 보통상

일상적인 상황에서 일어나는 행위로 접미사 {-ßač/-ßeč(-ßat/-ßet)}를 가진다. 자음 뒤에서는 자음동화에 의해 /-boč, -goč, -koč/ 등이 된다.

*ma-**ßat**-taj* '(보통) 죽이곤 하다'
*ič-**čot**-tej* '(보통) 보곤 하다'
*bak-**kot**-taj* '(보통) 발견하곤 하다'

bu olra-ß ho^{j}a-ß *ma-**βat**-tu*.
'우리는 물고기를 많이 잡곤 한다.'

ʒuganidu urekčen-duli aj *bi-**βet**-ten*.
'여름에 산에선 아주 좋다.'

kubečči čunute-ten *čulbal-**lot**-tan*.
'모든 분지가 파래지곤 한다.'(čulbal-daj 파래지다, -ten 한정 후치사[190쪽])

(Cincius 1947: 182)

7.7.6 비일회상(非一回相)

이 동사들은 행위가 한 번에 끝나지 않은 것을 가리킨다. 접미사는 환경에 따라 다양하다.

접미사: {-gra/-gre} (모음 어간 뒤)

{-gara /-gare} (유성자음 어간 뒤)

{-kara/-kare} (무성자음 어간 뒤)

{-ŋra/-ŋre} (-n- 어간 뒤)

*ma-**gra**-daj* '(1회 이상) 죽이다'

*bak-**kara**-daj* '(1회 이상) 발견하다'

*gɔ-**ŋre**-dej* '(1회 이상) 말하다'

bi dokal-u hɔlut-tej *a^{j}aß-**gara**-ra-m*, ineŋ-iß čɔptere *hɔlut-**kere**-re-m*.
'나는 나비를 쫓기 좋아했다.' '하루 종일 쫓아다니곤 했다.'

(dokal 나비, hɔlut-tej 쫓다, ineŋ 하루 ineŋ-iß 하루를, čɔptere 항상, ~동안)

(Cincius 1947: 182)

7.7.7 다회상(多回相)

여러 번 일어난 행위로 다양한 접미사를 갖는다.

7.7.7.1 접미사 {-kač/-keč (-kat/-ket)}

*ma-**kat**-taj* '(여러 번) 죽이다'

*gɔ-**ket**-tej* '(여러 번) 말하다'

min hut-u min-teki hoʲač *gɔ-**ket**-tin*:
'내 아들이 나에게 여러 번 말했다.'

«eńe, mo-ß emu-de-ku!»
'엄니, (내가) 장작을 가져올 거요!'

(Cincius 1947: 183)

7.7.7.2 접미사 {-s}

buju-dej '사냥하다' --- *buju-**s**-tej* '사냥하곤 하다'

ǯaß-daj '잡다' --- *ǯaß-u-**s**-taj* '잡곤 하다'

akm-u ereger *buju-**s**-se-n*. '너의 형은 늘 사냥한다.'

bʲeßǯe-kel oro-r-bu *ǯaßu-**s**-si-tan*. '목동들이 순록들을 여러 번 잡았다.'

(Cincius 1947: 183)

7.7.7.3 접미사 {-n}

nulge-dej '유목지를 바꾸다' --- *nulge-**n**-dej* '유목지를 계속 바꾸다'

heǯe-dej '춤추다' --- *heǯe-**n**-dej* '쉬지 않고 춤추다'

mut ere-ß tugeni-ß ereger *nulge-**n**-re-ß*.
'우리는 이 겨울 내내 유목했다.'

noŋartan dolboni-ß čuptere *heǯe-**n**-ri-ten*.

'그들은 밤새 계속 춤추었다.'

mut hečeken *heʒe-re-p*.

'우리는 지칠 때까지 춤추었다.' (hečin 피로)

(Cincius 1947: 183)

7.7.7.4 접미사 {-u}

pekteren-dej '사격하다' --- *pekter-**u**-dej* '(여러 번) 사격하다'

bi adirakan-da *pekter-**u**-riß*, e-ču naßkan;

'나는 여러 번 쐈는데 못 맞혔다.'

g^{j}e-ß *pekteren-en*, ma-n.

'내 친구는 (한 번) 쏴서 죽였다.'

(Cincius 1947: 183)

7.7.7.5 접미사 {-k}

접미사 {-l-}을 가진 타동사에서 접미사 {-k}로 교체하여 다회상 동사를 만든다.

tomte-l-dej '뚫다' --- *tomte-**k**-tej* '여러 장소를 뚫다'

čobda-l-daj '꿰뚫다' --- *čobda-**k**-taj* '여러 장소를 꿰뚫다'

borga-l-daj '분리시키다' --- *borga-**k**-taj* '여러 장소에 분리시키다'

asatkan, tik-mi, ho^{j}a-ß teßte-ß *tebe-**k**-re-n*.

'여자애가 넘어져 많은 열매를 망가뜨렸다.' (Cincius 1947: 183)

7.7.7.6 접미사 {-m-}

접미사 {-r-}를 가진 자동사에서 접미사 {-m-}으로 교체하여 다회상 동사를 만든다.

emte-r-dej '넘어지다' --- *emte-**m**-dej* '여러 곳에서 넘어지다'

hulte-r-dej '쏟아지다' --- *hulte-**m**-dej* '(구멍난 자루 여러 곳에서) 쏟아지다'

hulta-r-daj '엎질러지다' --- *hulta-**m**-daj* '(찢어진 자루 여러 곳에서) 엎질러지다'

momi-san ʒol-duk *ŋemte-**m**-ri-n*.
'당신의 배가 돌에 (여러 군데) 부딪혔다.'

(Cincius 1947: 184)

7.7.7.7 모음 /i/

기본동사에서 열린모음 a/e를 가진 경우, 파생동사에서는 닫힌모음 /i/로 대립한다. 명사에서 파생된 기본동사에서 접미사가 {-ma/-me}나 {-la/-le}이면 파생동사에서 접미사는 {-mi}와 {-li}가 된다. 접미사 {-na/-ne}를 가진 출발상 동사에서 파생되는 다회상에서는 접미사가 {-ni}가 된다.

기본	파생
열린모음 a/e	닫힌모음 i
-ma/-me	-mi
-la/-le	-li
-na/-ne	-ni

boŋga-ma-daj '산양을 사냥하다' --- *boŋga-**mi**-daj* '산양을 (여러 번) 사냥하다'
mo-la-daj '나무를 하다' --- *mo-**li**-daj* '(여러 번) 나무를 모으다, 운반하다'
it-ne-dej '(한 번) 보러 가다' --- *it-**ni**-daj* '(여러 번) 보러 가곤 하다'

비 교

ʒoram-daj '(한 번) 훔치다' --- ʒorm-***i***-daj '도둑질하다'
ulgem-dej '(질문을) 묻다' --- ulgim-***i***-dej '묻곤 하다'

(Cincius 1947: 184)

7.7.8 우연상

드물게 일어나는 행위로 접미사는 {-ßan/-ßen}, {-in}(-n- 어간 뒤) 이다.

*ma-**ßan**-daj* '(드물게, 가끔) 죽이다'
*hepken-**in**-dej* '(드물게, 가끔) 잡다'

nakat oro-m *ma-**ßan**-ra-n*.
'곰이 순록을 죽이는 일이 있다.'

min nimek-u min-teki *gɔn-**in**-ri-n*, tebeki-ß e-de-ku kol-ra.
'나의 이웃이 나에게 말하곤 했다.' '담배를 안 피우라고.'

(Cincius 1947: 185)

7.7.9 반복상

행위가 반복되거나 지속되는 경우로 접미사는 {-ǯan/-ǯen}이다.

em-dej '오다' --- *eme-**ǯen**-dej* '오고 또 온다'
ŋen-dej '가다' --- *ŋen-e-**ǯen**-dej* '가고 또 간다'
nulge-dej '유목하다' --- *nulge-**ǯen**-dej* '계속 유목하다'

noŋartan *ǯeme-**ǯen**-re*. '그들은 배가 고프곤 했다.'

(Cincius 1947: 185)

7.7.10 역행위상

이전의 유사 행위를 번복하는 것을 가리키며, 접미사는 {-rga/-rge}이다.

bɔ-dej '주다' --- *bɔ-**rge**-dej* '도로 주다, 반환하다'
em-dej '오다' --- *em-e-**rge**-dej* '돌아오다'

mindu orm-u *bɔ-**rge**-li*. '나에게 순록을 도로 내놓시오.'
hisečin ʒuriʒur em-e-***rge***-r. '저녁에 둘다 도로 왔다.'

(Cincius 1947: 185)

접미사 {-rga/-rge}는 에벤어에서 아주 드물게 쓰인다. 이 접미사는 문학어의 바탕이 된 올스크 방언에만 알려져 있다(Cincius 1947: 185).

7.7.11 대립상

앞 선 행위와 대립되는 행위를 가리키며, 접미사는 {-lge/-lga, -g}이다.

ońo-dej '묶다' --- *ońo-**lge**-dej* '풀다'
alu-daj '(말을 마차에) 매다' --- *al-a-**lga**-daj* '풀다
ʲema-daj '파묻다' --- *ʲema-**lga**-daj* '파내다'
eńku-dej '칼집에 넣다' --- *eńke-**lge**-dej* '칼집에서 꺼내다'

7.7.12 시작-단기간상

행위의 시작 순간이나 순간적 행위를 가리키며, 접미사 {-san/-sen}을 갖는다. 동사 어간에서 음절 변화가 일어날 때 /-sn/, /-s/가 될 수 있다.

ŋen-dej '가다' --- *ŋen-e-**sen**-dej* '움직이다'

(ŋen-e-sn-en 그는 갔다, ŋen-e-s-li 움직여라)

it-tej '보다' --- *ič-i-**sen**-dej* '힐끗 보다'

(ič-i-sn-en 힐끗 보았다, ič-i-s-li 힐끗 보아라)

akni-l-ni *nulge-**sn**-e* ... noŋan akni-l-bi ud-li-tan *hulda-**sn**-an*.
복 소유 복 소유 병행 복수3 소유
'그의 형들은 유목하기 시작했다.' '그는 형들의 흔적을 따라 썰매로 떠났다.'
(uʒ 흔적, ud-li 병행격) (Cincius 1947: 186)

7.7.13 신속상

행위가 신속하게 이루어짐을 나타내며, 접미사 {-malči/-melči}를 갖는다.

ŋen-dej '가다' --- *ŋen-e-**melči**-dej* '빨리 가다'
tet-tej '입다' --- *tet-e-**melči**-dej* '(옷을) 빨리 입다'

bi h^{j}enmamakan hulra-j *dasa-**malči**-ram*.
나는 재빨리 내 이불을 덮었다.' (dasa-b-daj 덮다)
ata-ß hoč urelden, h^{j}enmamakań in-el-bur *inege-**melči**-n*.
복 소유
'할머니는 매우 기뻐서 재빨리 우리의 짐들을 꺼내었다.'
(in 짐짝, ineg-dej 짐을 내리다) (Cincius 1947: 187)

7.7.14 의도상

어떤 목적을 위해 동작을 시작하려는 행위를 가리킨다. 접미사 {-na/-ne}를 가진다.

ma-daj '죽이다' - *ma-**na**-daj* '죽이러 가다'
it-tej '보다' - *it-**ne**-dej* '보러 가다'
teg-dej '앉다' - *teg-**ne**-dej* '앉으러 가다'
hepken-dej '잡다' - *hepke-**ne**-dej* '잡으러 가다'

bejkeʲe ***dolda-na-n*** asikaʲa ǯu-la-n.[7]
의도 처소

'남자는 들으려고 했다 여자의 유르타에서' (사냥을 어떻게 했는지 알려고)

(dolda-daj 듣다)

noŋan tala hɔr-ri-n, *it-**ne**-ri-n*.

'그는 그리로 갔다 보러' (hɔr-dej 떠나다)

(Cincius 1947: 187)

7.7.15 다회 의도상

접미사는 {-ni}이다.

it-tej '보다' - *it-**ni**-dej* '보러 가곤 하다'

ǯeb-dej '먹다' - *ǯeb-**ni**-dej* '먹으러 가곤 하다'

bi nam hulitkin parohod-u *it-**ni**-re-m*.

'나는 바닷가로 기선을 보러 가곤 했다.'

bi isag-taki mo-ß ʲer-***ni***-ra-m.

'나는 숲으로 나무를 가지러 가곤 했다.'

(Cincius 1947: 187)

---

7) 위 예문들은 다음과 같이 배열해야 에벤어 고유 어순에 맞는다.
bejkeʲe [asikaʲa ǯu-la-n] *dolda-na-n*.
남자는 여자의 집에서 들으려 했다.
noŋan [tala *it-ne-ri-n*] hɔr-ri-n.
그는 그리로 보러 갔다.

7.7.16 소망상

행위를 할 욕구를 나타내며, 접미사 {-m- (-m-sa/-m-se)}를 갖는다.

ma-daj '죽이다' - *ma-**m**-daj* '죽이고 싶어하다'

ǯeb-dej '먹다' - *ǯeb-e-**m**-dej* '먹고 싶어하다'

kol-daj '마시다' - *kol-a-**m**-daj* '마시고 싶어하다'

hukle-dej '자다' - *hukle-**m**-dej* '자고 싶어하다'

bi hoč *hukl-e-**mse**-m*.
나는 몹시 자고 싶다.

noŋan, takamu olra-ß ǯep-ti-ǯi, hoč *kol-a-**ms**-in*.
부동사
'그는 소금 절인 생선을 먹고, 몹시 마시고 싶었다(갈증이 났다).'

(Cincius 1947: 188)

7.7.17 준비상

행위를 수행할 준비나 각오를 나타내며, 접미사 {-mal/-mel}을 갖는다.

*ma-**mal**-daj* '사냥 준비가 되다'

*ŋen-e-**mel**-dej* '갈 준비가 되다'

*hepke-**mel**-dej* '잡을 준비가 되다'

hoč *hukle-**mel**-re-m*, het-te-m.
'(나는) 몹시 자고 싶다.' '피곤하다.'

bi noŋman(hʲeliki-ß) ʲelralram, esem *ma-**mal**-ra*.
'나는 그녀(자고새)를 동정하여 안 죽이고 싶었다.'

(ʲelran-daj 동정하다) (Cincius 1947: 188)

7.7.18 시도상

행동을 할 의도나 욕망을 나타내며, 접미사 {-sči-}를 갖는다.

ma-daj '죽이다' - *ma-**sči**-daj* '죽이려 하다'
it-tej '보다' - *ič-i-**sči**-dej* '보려고 하다'
hepke-n-dej '잡다, 포획하다' - *hepke-**sči**-dej* '잡으려 하다'

ńan-da ajmakań *taŋa-**sči**-da-ku*.
목적법
'다시 잘 세어 보도록 해요.'

(Cincius 1947: 188)

7.7.19 모방상

행위를 모방하거나 따라하는 것을 가리키며, 접미사 {-sa/-se}를 갖는다.

ma-daj '죽이다' - *ma-**sa**-daj* '죽이는 척하다'
ǯeb-dej '먹다' - *ǯep-**se**-dej* '먹는 척하다'
badu-daj '(순록을) 타고 가다' - *badu-**sa**-daj* '타고 있는 척하다'

*badu-**sa**-n* bi-de-bur ǯol ojdun tegeč-i-d-ǯot-ten.
모방 목적법 불완 보통 복3
'순록을 타고 있는 것처럼 돌 위에 앉아 있었다.'
(badu-daj 타고가다, teget-tej 앉아있다) (Cincius 1947: 188)

표 13. 상 목록

상	접미사	동사	의미
완료상	ø	nulge-dej	유목하다
불완료상	-d/ǯ-	nulge-d-dej	유목하고 있다
계속상	-č/-t	nulge-t-tej	유목하다
시작상	-l-	nulge-l-dej	유목하기 시작하다
보통상	-ßeč-	nulge-ßet-tej	대개 유목하다
비일회상	-gre-	nulge-gre-dej	여러 번 유목하다
반복상	-ǯen-	nulge-ǯen-dej	쉬지 않고 유목하다
다회상	-n-	nulge-n-dej	여기저기 유목하다
시작-단기간상	-sen-	nulge-sen-dej	잠깐 유목하다
신속상	-melči-	nulge-melči-dej	빨리 유목하다
출발상	-ne-	nulge-ne-dej	유목하러 다니다
다회 의도상	-ni-	nulge-ni-dej	유목하러 가곤하다
소망상	-m-	nulge-m-dej	유목하고 싶어하다
준비상	-mel-	nulge-mel-dej	유목할 준비를 하다
시도상	-sči-	nulge-sči-dej	유목하려고 하다
모방상	-keč-	nulge-keč-dej	유목하는 체 하다

(Cincius 1947: 189)

에벤어의 형태와 구조

제8장
동사 활용형

북극권 레나강의 여명

제8장 동사 활용형

동사가 활용되어 관형어나 부사어의 기능을 할 수 있다. 러시아 출신의 학자들은 이러한 형태를 모두 노어 문법의 개념에 따라 형동사와 부동사[1]로 분류한다. 알타이 언어학에서는 이것을 converb라 부른다. 한국어에서는 동사 활용형이라고 한다. 본서에서는 동사 활용형이라는 개념 아래 형동사와 부동사의 용어를 수용 하기로 한다.

8.1 형동사

형동사는 행위를 일으키는 대상의 특성과 명칭을 나타내며, 동시에 행위 과정을 보여준다. 에벤어에서 동사에 접미사가 붙어 관형적 기능을 수행하는 형동사는 현재, 과거, 미래 시제로 구분되고, 부정 형동사, 당위 형동사도 있다. 형동사는 동사파생 형용사와 동사 파생 명사의 역할을 수행하며, 그

1) 여기서 접미사는 한국어에서 용언에 붙는 어미와 같은 것이다.

의미는 행위의 과정, 위치, 시간을 나타낸다.

현재시제 형동사의 접미사는 {-ri, -di, -ti, -si, -i}이며, 어간의 마지막 자음에 따라 구분된다.

ma-ri '죽이고 있는'
od-di '그만두는'
tet-ti '입고 있는'
ʲes-si '다다르고 있는'
gɔn-i '말하고 있는'

과거시제 형동사의 접미사는 {-ča/-če}이다.

ma-ča '죽인, 죽은'
tet-če '입은'

미래시제 형동사의 접미사는 {-ǯŋa/- ǯŋe}, {-ǯiŋa/-ǯiŋe}, {-čiŋa/-čiŋe}이다.

ma-ǯŋa '죽일 (것)'
tet-čiŋe '입을 (것)'

당위 형동사의 접미사는 {-nna/-nne} 이다.

ma-nna '죽여야 하는 (것)'

부정 형동사는 부정 조동사로서 동사 *e-dej*에 시제 접미사 {-r, -ra/-re, -da/-de, -d, -ta/-te, -sa/-se, -s, -a/-e, ø}를 결합한다. 복합술어 구문에서 본동사 역할을 하는 형동사는 직설법 현재시제 복수 3인칭형을 갖는다(126쪽 표5 참조).

e-se-m ma-r '(내가) 안 죽이는'

부정-불특정 형동사는 접미사 {-ŋa/-ŋe}가 부정 양상동사와 함께 이용된다.

ma-ŋa turku-re-m '죽일 수 없는' (turku-dej 할 수 없다)

에벤어에서 형동사라는 개념은 좀더 넓게 이해되어야 한다. 형용사나 명사의 기능을 하기 때문이다. 형용사로서 한정어 또는 명사적 술어 기능도 갖는다. 명사로서 보충어 역할도 한다. 이 경우 형동사는 수와 격에 따라 변화한다.

*gurgeßči-**ri*** bej em-ri-n '*일하는* 사람이 왔다.'

(gurgeßči-dej 일하다, gurgeßči-ß-dej 되다, 생기다)

erek bej *gurgeßči-**ri*** bi-si-n. '이 사람은 *노동자*였다.'

kubečču-r *gurgeßči-**ri**-l* čakaba-kla em-ri-ten. '모든 *노동자들이* 회의에 왔다.'

(Cincius 1947: 210)

명사로서의 형동사는 수와 격 외에 소유형 접미사를 갖는다. 그리고 문장에서 보충어, 부사어, 주어 역할을 한다.

noŋan [min *ŋelel-**ri**-ß*] han. '그는 내가 놀랜 것을 알았다.' (ŋelel-dej 놀라다)

[huti *ma-**ča**-ßan*] ga-li. '손자가 *죽인 것을* 가져가라.'

[gorla *hur-**ǯiŋe**-dußß*] kɔʲeč-čot-te. '(내가) 멀리 *갈까 보아* (그들이) 보았다.'
보통상

(kɔʲet-tej 보다) (Cincius 1947: 210)

일련의 형동사 접미사들은 동사 접미사와 일치한다. 즉, 형동사 현재시제 접미사 {-ri}는 직설법 과거시제 접미사 {-ri}와 같다. 이것들은 어원적으로 연관되어 있지만, 현대 에벤어에서는 기능에서뿐만 아니라 이와 함께 이용되는 대명사의 형태에서 구별된다.

본동사의 주어 기능에서는 주격이 사용되지만, 형동사 구문에서 행위자를 나타낼 경우에는 소유형으로 소유 대명사 단어미형이 이용된다.

a) *bi* ma-ri-ß. '내가 죽였다.'

b) *min* ma-ri-ß '내가 죽인 것'

c) erek [*min ma-ri-ß*] huliča-ŋ-u. '이것은 내가 죽인 여우다.'

d) *bi* ere-ß huliča-m *ma-ri-ß*. '내가 이 여우를 죽였다.'

e) erek [*min ǯaß-anna-ß*] or-mu. '이것은 내가 잡아야 하는 순록이다.'

f) *bi* ere-ß opo-м *ǯaß-anna-ß*. '나는 이 순록을 잡아야 한다.'

g) bi [*oron tus-si-ßan*] kɔʲe-re-m. '나는 순록이 도망가는 것을 보았다.'

h) bi [*tus-si-ß* oro-m] kɔʲe-re-m. '나는 도망가는 순록을 보았다.'

(Cincius 1947: 211)

a)와 b)에서 bi는 인칭대명사 1인칭 주격이고, min은 소유대명사 1인칭 단어미형으로 행위자를 가리킨다. {-ß}는 소유접미사이다(200쪽 표1 참조).

c)의 min ma-ri-ß에서 min은 b)에서처럼 '죽인'(ma-ri-ß)의 행위자를 가리키는 소유대명사이다.

e)의 min ǯaß-anna-ß에서 min은 소유대명사로서 '잡는' 행위의 주체이다.

g)의 oron tus-si-ßan에서 {-ßan}은 소유형 명사 3인칭 단수 대격어미이다 (200쪽 표3 참조).

h)의 tus-si-ß oro-m에서 {-ß}와 {-m}은 대격어미이다.

8.2 부동사

부동사는 동사가 부사적 어미와 결합하여 부사적 기능을 수행하는 것을 말한다. 이것은 주절의 동사와 시간적으로 동시에 또는 전후에 일어나는 부차적 행위를 가리킨다. 에벤어에서 부동사는 비교적 단순하다.

8.2.1 현재시제 부동사

주절의 본동사에 의한 행위와 동시에 일어나는 부차적 행위를 가리킨다. 접미사는 단수에서 {-nikan/-niken}, 복수에서 {-nikar/-niker} 또는 {-nikasal/-nikesel}을 갖는다. 복수형에서 /-r/이나 /-sal/ 또는 /-sel/은 복수 접미사가 붙여진 것이다.

noŋan, *tet-niken*, gɔn-ni. '그는 *옷을 입으면서* 말했다.'
noŋartan, *tet-nike-sel*, gɔn. '그들은 *옷을 입으면서*(들) 말했다.'

(Cincius 1947: 208)

친치우스(1947: 208)에 의하면, 접미사 {-nikan/-niken}은 고립된 형태로서 첫 부분 /-ni/는 집합수사 접미사 {-ni-ǯur} (ʲel-ni-ǯur 셋씩)의 /-ni/를, 뒤 부분 {-kan/-ken}은 지소 접미사를 연상시킨다고 한다.

8.2.2 과거시제 부동사

본동사 보다 먼저 일어난 부차적 행위를 가리킨다. 현재시제 형동사 접미사 {-ri, -di(-ǯi), -ti, -si,-i}에 형태적 표지를 결합시킨다. 이것은 형동사 조격 단수 또는 복수의 무인칭형과 같다.

ma-ri-ǯi hur-re-n '(혼자서) *죽이고서* 떠났다.'

ma-ri-ǯu-r hur-re '(여럿이서) *죽이고서들* 떠났다.'

(Cincius 1947: 208)

ma-ri-ǯi는 어간 ma- '죽이다'에 과거 접미사 -ri- 와 형동사 접미사 ǯi를 갖고, ma-ri-ǯu-r에서 마지막 -r은 복수 접미사이다.

이와 함께 조건, 한계, 계속을 나타내는 부동사들이 있다.[2)]

bak-mi bu-ǯi-m. '*찾는다면*, (내가) 줄 것이다.'

bak-mi bu-ǯi-ru. '*찾는다면*, (우리가) 줄 것이다.'

ǯalu-kan ǯep-ti-ß. '*배부르게* 먹었다.' (ǯalu-daj 배불리 먹다)

un *bi-mnin* kɔke-ri-ten. '그렇게 *살며* 죽었다.' (kɔke-dej 죽다)

(Cincius 1947: 209)

접미사 -mi는 조건을, -kan은 계속의 의미를, -mnin은 한계의 의미를 나타낸다.

2) 에벤어 접미사와 한국어의 동사 활용 어미형태를 비교해 볼 수 있다. 조건 부동사 접미사 {-mi} 는 한국어의 {-(으)면}과 유사하다. 한계 부동사 접미사 {-kan/-ken}은 한국어의 접미사 '-게'와 유사하다. 계속 부동사 접미사 {-mnin}은 한국어의 {-(으)며/-(으)면서}를 연상시킨다.

표 1. 법, 형동사, 부동사 목록

ga-daj '가지다'

법

환경	형태	의미
직설법 현재	ga-nri	가졌다
직설법 과거	-ri-s	가졌다
직설법 미래	-ǯi-nri	가질 것이다
명령 현재	-li	가져라
명령 미래	-daj	가져라
경고	-ǯik-a-s	두고보아라, 가져간다
당위법	-nna-s	가져야 한다
추측법	-mna-s	아마도 가질 것이다
가정법	-mči-s	가졌을 거다
조건법	-rak-a-s	가진다면
동시법	-ŋsi-s	가졌을 때
목적법(종속)	-da-s	가지도록

형동사

환경	형태	의미
현재시제	ga-ri	가지고 있는
과거시제	-ča	가진
미래시제	-ǯŋa	가질
당위	-nna	가져야 하는
부정	-r	(가지지 않는)
부정	-ŋa	(가지지 않는)

부동사

환경	형태	의미
현재	ga-nikan	가지면서
조건	-mi	가졌다면
계속	-mnin	가지다가
한계	-kan	가질 때까지

제9장
부사, 후치사, 특수기능 접미사, 소사와 수사

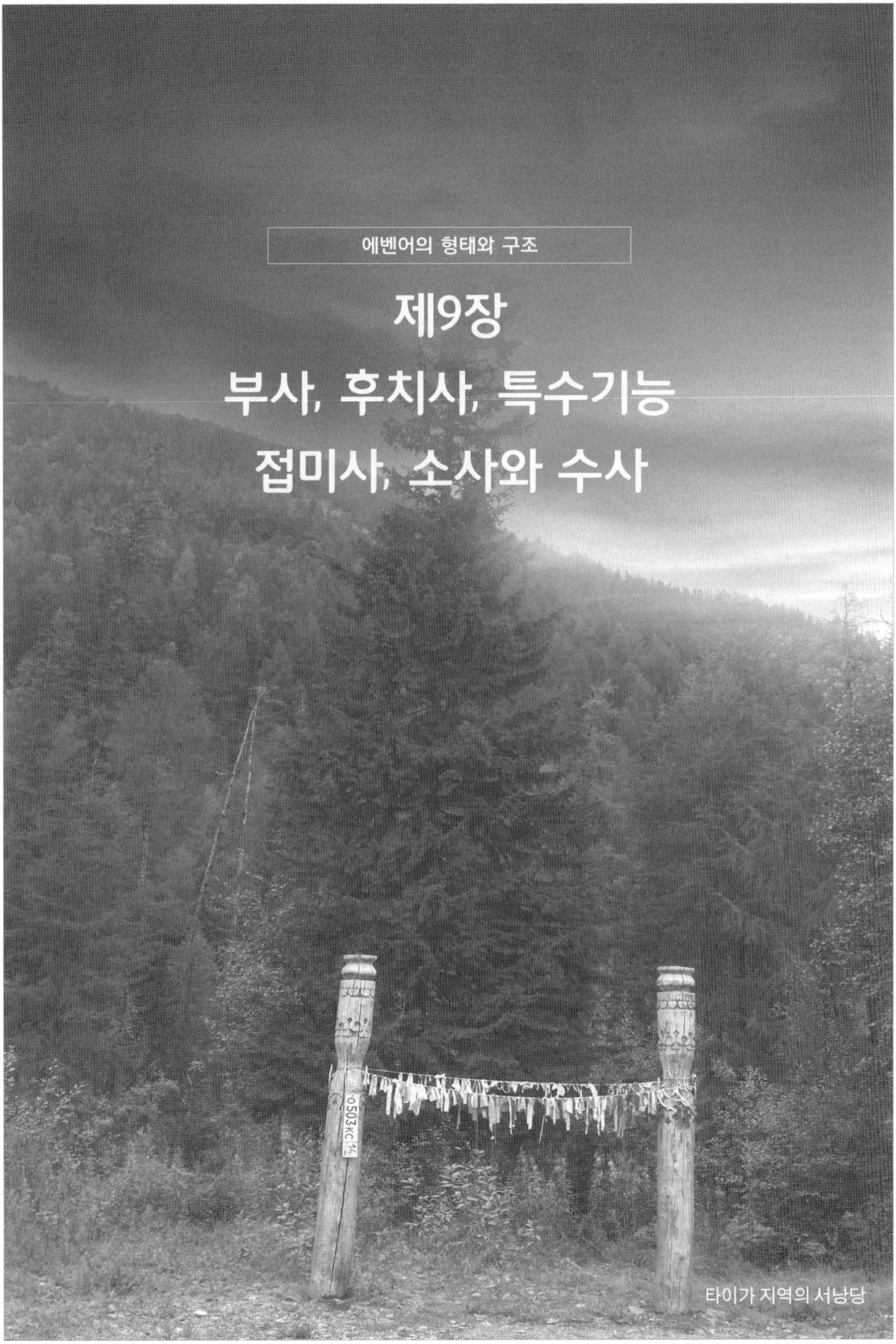

타이가 지역의 서낭당

제9장 부사, 후치사, 특수기능 접미사, 소사와 수사

9.1 부사

부사에는 장소 부사, 시간 부사, 관계 부사, 성질 부사가 있다. 부사들 중에는 고유한 형태 외에 격 형태가 굳어져 부사화된 것들도 있다.

9.1.1 장소의 부사

12개의 격 중 6-8개 격 형태가 굳어져 부사가 된 것들이 있다. 고유한 부사들은 처소격에서 만들어진 것들이다. 부사 형태 중 절반은 원래의 격 표지가 갖는 접미사와 다르다. 장소 부사 접미사는 -ski, -saki/-seki, -pki, -ki로 보통의 -tki, -taki/-teki와 구분된다. 여격에서는 -du/-tu 대신 -i-n-이 쓰인다. 탈격에서는 -duk/-tuk 대신 -nuk가 쓰인다.

장소 부사는 주격과 복수형을 갖지 않는다. 장소 부사에서 의문형을 만드는 건 명사와 마찬가지이다.

대부분의 부사들은 어간 형태를 기준으로. 1) 향격, 2) 분리격, 처소격, 병행격, 3) 여격, 탈격의 3 유형으로 구분할 수 있다. 이 3가지 특성에 따라 부사는 9개의 그룹으로 구분된다.

9.1.1.1 향격과 관계된 부사

제2음절의 모음이 탈락하거나 변경된다. 즉, a/e ~ Ø ~ i(gi).

ǯulle ~ ǯul ~ ǯulli '앞에'
tulle ~ tul ~ tulli '겉으로'
holla ~ hol ~ holli '강 상류에/로'
eße ~ eß ~ eßgi '여기로'

제2음절에서 모음이 탈락 또는 전이(a/э ~ ø ~ iː/giː) 되거나, g ~ j의 자음 전이 현상이 일어난다.

buga- ~ buj- ~ bui- '숲으로'
ɔj '위' ~ ɔjde '위쪽' ~ ɔin '위쪽' ~ ɔig '위의, 상층의, 윗사람의'
bug '땅' ~ buj '미개척지, 마을 옆에' ~ bujla '숲에서, 마을 옆에' ~ bujli '숲에'
hes ~ her '바닥' ~ hergi '아래, 밑의'
bas ~ bar ~ bargi '(강의) 저쪽으로'

9.1.1.2 분리, 처소, 병행격과 관계된 부사

ama- ~ amar- ~ amari- '뒤로'
ama-r-la ~ ama-r-li '뒤에'
e^{j}e '(강물이) 빠른' ~ eǯi '하류의' ~ eǯili '강 하류로' ~ eǯile '강 하류에서'
ča, čak '가라!, 꺼져'! ~ čag '저기, 멀리' ~ čagla '저기, 저기로'
ŋag '아래의' ~ ŋagič, ŋ^{j}aič '아래로'

9.1.1.3 여격 및 탈격과 관계된 부사

gor- '멀리, 먼, 먼 곳' ~ gor-du '멀리' ~ gor-duk '옛날부터'

tege '멀리, 먼, 먼 곳' ~ tegeli ~ tegele '멀리'

de-gič, de-nuk '위로부터'

do '안, 내부' ~ do-gič, do-duk '안으로부터' ~ do-du, do-la, do-li '안으로'

dali '가까이, 가까운, 근처' ~ dali-gič, dali-duk '가까이로부터'

9.1.2 시간의 부사

9.1.2.1 계절 관계 부사

명사		부사	
tugeni	-	tugeni-du	'겨울에'
nelke(ni)	-	nelke	'봄에(초봄)'
negneni	-	negni	'봄에(늦은 봄)'
ǯugani	-	ǯugani-du	'여름에'
montelse	-	montelse	'가을에(초가을)'
boloni	-	boloni-du	'가을에(늦가을)'

9.1.2.2 하루를 구분하는 부사

ineŋ '낮'	-	ineŋ '낮에'
hisečin '저녁'	-	hisečin '저녁에'
dolboni '밤, 늦은 저녁'	-	dolboni '밤에'
daǯikar '아침'	-	daǯikar '아침에'
daǯ '일찍'	-	daǯ ~ daǯič '일찍이'

9.1.2.3 시점에 관한 부사

ere-ß ineŋ-u (대격) '오늘' (이 날에)

čag-u ineŋ-u (대격) '내일 이후' (저 날에)

표 1. 장소 부사

향격	분리격	처소격	병행격	여격	탈격
aßaski 어디로?	aßgič 어느방향에서?	ile 어디에서/로?	ili 어디서(공간)?	idu 어디서?	iduk 어디로부터?
amaski 뒤로	amargič 뒤로부터	amarla 뒤에서	amarli 뒤따라	amarin 뒤에서	amarinuk 뒤로부터
ʒulepki 앞으로	ʒulgič	ʒulle	ʒulli	ʒulin	ʒulinuk
ugeski 위로(수직)	ujgič	ujle	ujli	uin	uinuk
hesseki 아래로(수직)	hergič	hergile	hergili	hergin	herginuk
deski 위로(경사)	degič	dele	deli	den	denuk
ŋaski 아래로(경사)	ŋagič	ŋela	ŋeli	ŋen	ŋenuk
holaki 위로(강 상류)	holgič	holla	holli	holin	holinuk
e^{j}eki 아래로(강하류)	edgič	eʒile	eʒili	eʒin	eʒinuk
bassaki 강 저편으로	bargič	bargila	bargili	bargin	barginuk
bugaski 숲으로	bujgič	bujla	bujli	buin	buinuk
tuleski 겉으로	tulgič	tulle	tulli	tulin	tulinuk
doski 안/속으로	dogič 안으로부터	dola 안에서	doli 안에서	dodu 안에서	doduk 안으로부터
eßeski 여기로, 가까이	eßgič	eßgile	eßgili	eßgin	eßgiduk
časki 저기로, 멀리	čagič	čagla	čagli	čagdu	čaduk
gortaki 멀리	gorgič	tegele	tegeli	gordu	tegenuk
dalitki 가까이	daligič	dalila	dalili	dalidu	daliduk
antaki 오른쪽으로	angič	angidala	angidali	angidgadu	angidaduk
ʒegenteki 왼쪽으로	ʒegeŋič	ʒegeŋidele	ʒegeŋideli	ʒegeŋidedu	ʒegeŋideduk

(Cincius 1947: 224)

tini-ß (대격) '어제'

tini-ß čag-du ~ tini-ß či-da-lan '그제'

čag-du '모레 ~ 그제'

temen ~ temena '다음, 다음 날'

tem^{j}enak '내일'

temena čagdu ~ temena či-da-lan '모레'

tik '지금'

tarakam '그 때, 다음'

tarakandu-da '이 때에'

eseme(k) '다음'

titel '전에, 언젠가'

otel '전에'

ur '얼마 전, 요즈음'

ereger '항상'

gasimič '항상'

nonon '처음'

goru '오래'(대격)

9.1.3 성질 부사

h^{j}enmač '빨리'

terekelʒi '꼭같이'

kureń '일부러'

^{j}ač? ~ ^{j}alʒi? '누구로, 무엇으로?'

on? '어떻게?'

noŋan aj bi-si-n. '그는 좋았다.' [형용사]

noŋan *aj-č* bi-si-n. '그는 잘 살았다.' [부사]

oron em-ri-n. '순록이 왔다.'

(noŋan) *oro-ń* [부사] em-ri-n. '(그가) 순록을 타고 왔다.'[조격, 행위 부사]

(Cincius 1947: 230)

9.1.4 후치사 역할 부사

후치사 역할을 하는 부사는 방향격 접미사 {-tki, -taki/-teki}를 갖는다.

taßaski '반대로'
huguski~ '거꾸로'
eßenki '거슬러'
o:nki '기대어'
arča:pki '마주보고'
de:pki '맞은편에'
iltepki '옆으로'
oǯapki '비스듬히'
bokčepki '엎드려서'
daßapki '강 건너'

9.1.5 동사에서 파생된 부사들

대부분 접미사 {-s}를 갖는다.

kaltas '반씩' (세로로)
kenres '반씩' (가로로)
koŋdes '반씩' (꺾다)
nabdas '누더기로'
hultes '엎질러서' (구멍으로)
čolbes '뚫어서'

9.1.6 관계 부사

ičin 어떻게?	ečin 이렇게
tačin 그렇게	urečin 비슷하게

집합수사가 관계부사의 역할도 한다.

ǯuri-ǯur '둘씩'	^{j}elni-ǯur '셋씩'

9.1.7 정도의 부사

ho, hoč '매우'

^{j}elkan '매우, 진짜로'

eßseč '매우, 아주'

enteke^{j}e '매우'

entukuken '약간, 조금'

aran '조금씩'

umekič '과도하게, 완전히'

miltere '충분히, 가득히'

čuptere '끝까지'

ukal '이미'

ńan '다시'

9.1.8 양의 부사

^{j}elrakan ~ ^{j}elraka^{j}a '세번씩'

bekel '따로따로'

terekelǯi '꼭같이'

9.1.9 이유의 부사

ʲami '왜, 사실상'
temi (오호츠크 tugemi) '그래서'
tari-č (조격) '그래서, 그때'
tikei '왜냐하면'
tarma '그래서, 어쨌든'

9.2 후치사

후치사는 명사 뒤에서 명사와 다른 어휘 간의 관계를 이어주는 보조적 역할을 한다. 이것은 만주-퉁구스어를 포함한 알타이어들에 공통적인 문법 범주이다.[1)]

ǯu *dola-n* bi-si-n. '(그가) 집 안에 .있었다.'
ǯu-l *dol-da-tan* bi-si-n. '(그들이) 집들 안에 있었다.'
ǯu-l-bu *dol-da-tan* bi-si-n. '(그들이) 나의 집들 안에 있었다.'

(Cincius 1947: 233)

do-n '안, 내부'
ɔ-i-n '겉'
her-e-n '바닥'
oldan-ni '옆'
ǯapka-n '사이'
huli-n '끝, 가장자리'

1) 한국어에서는 이것을 보조사 또는 특수조사 또는 한정조사라 한다(서종학 1997: 238).

ančin-ni '옆, 볼'
mudan-ni '끝'

위 어휘들은 접미사 {-da/-de, -gda/-gde}를 연결하여 장소 부사와 연관된 후치사를 만든다.

ɔjle tɔgečin ič-un. '위에 구름이 보인다.' (부사)
urekčen *ɔjdelen* tɔgečin ič-un. '산 위에 구름이 보인다.' (후치사)

(Cincius 1947: 233)

위 예문에서 *ɔjle*는 장소 부사이고, *ɔjdelen*은 후치사이다.

후치사 중에는 형태-통사적 특성상 명사의 소유형과 일치하는 것들이 있다.

ǯu elbitiŋ-du-n 유르타(집) 곁에 (elbitiŋ 곁)
ǯu ɔj-du-n 유르타(집) 위에 (ɔj 위)

(Cincius 1947: 233)

위의 예에서 -du는 여격 조사이고, -n은 ǯu '집'과의 관계를 나타내는 상대적 소유형 접미사이다.

불변 후치사들로 명사 대격 어미를 갖는 것들이 있다. 이것들은 명사와 관계 없이 관계 부사 역할을 한다.

bi hotor-am *ǯupki* ŋen-re-m. '나는 길을 *따라* 갔다.'
bi hotor-am *kenres* ŋen-re-m. '나는 길을 *가로질러* 갔다.'
bi hotor-am *ŋonopki* mo-ß ne-de-m. '나는 길을 *따라* 막대기를 놓았다.'
bi hotor-am *eßenki* mo-ß ne-de-m. '나는 길을 *가로질러* 막대기를 놓았다.'

bi tɔŋer-u *ereli* ŋen-re-m. '나는 *호수 주변을* 걸었다.'

(Cincius 1947: 233)

9.3 특수기능 접미사

어구나 어휘들이 특수 기능의 접미사들을 통해 대등 관계, 분리 및 제한 관계, 비교 및 비유 관계, 강조 관계 등이 표현된다.

9.3.1 대등 의미 접미사

접미사 {-ʲa/-ʲe, -na/-ne, -ča/-če}는 주어진 행위나 대상이 공동의 행위나 상태에 의해 대등하게 연관되어 있음을 나타낸다.

*eniŋe-ʲ**e** ata-ʲ**a*** hoč hebʒel-če-l. '엄마와 할머니는 대단히 만족하였다.'

(hebʒe-l-dej 반하다, 만족하다, hebʒel-če-l 어간+시작상+과거+복수)

*ata-ʲ**a**, eni-ʲ**e*** ʒu-ß-ur okarap ʒu-lta-ča-l, ʒu-laß-ur i-re-p.

'할머니와 엄마는 집을 오래 전에 만들었다.' '(우리는) 집으로 들어갔다.'

(ʒu-ß-ur 소유형 대격, 복수, ʒu-laß-ur 소유형 처소, 복))

*čidaga-ʲ**a**-l, nakat-**ča**-l* ʒu-kan-dur ajma-kan hukle-sen-ʒi-l-da.
시작-단기간 미래 복 복3

'다람쥐들과 곰들이 자기의 작은 굴들에서 잘 누워 잘 것이다.'

(hukle-sen-dej 자려고 눕다, hukle-dej 자다)

*okat-anʒaʲa-ʲ**a**-l, tɔŋer-e-nʒe-**e**-l* mu-ten ɔjlin hiŋańa ičimkeßun urečin kulib-bot-tan.
지대 대등 복 지대 대등 복 후치 처럼 보통상

'큰 강들과 큰 호수들의 물 위가 녹색 거울 처럼 덮였다.'

(hiŋańa 녹색, ičimkeßun 거울, kulib-daj 막히다, 단히다, 덮이다, kulit-taj 막다, 단다, 덮다)

(Cincius 1947: 234)

9.3.2 공동 참여 의미 접미사

접미사 {-lgi, -gali/-geli, -kali/-keli}는 행위에 공동으로 참여함을 의미한다.

tar-al-ńun Umusńe *Uinʒa-**gli*** kusikeč-i-l-re.
시작상 3복
'그때 우무스네는 우인자와 싸우기 시작했다.' (kusike:t-tej 싸우다)
Miko *Mača-**gli*** gorod-taki hupkut-ne-ri-ten.
출발상
'미코는 마차와 함께 도시로 공부하러 갔다.'

(Cincius 1947: 234)

9.3.3 공동 또는 동반 의미 접미사

접미사 {-či-l}은 공동 또는 동반의 의미를 부여한다. 이 접미사에서 {-l}은 복수형 접미사이다.

*g^je-**či**-l* buju-sen bi-se-p.
복 '같이' 현재완료
'(우리는) 친구들과 함께 사냥꾼처럼 하고 있었다.'
*ete-**či**-l*-teken bi-mi, kuŋa-l-bu dabduka-ßat-tap.
보통상
'할아버지들과 있었을 때면, (우리는) 아이들을 이기곤 했다.'
etiken *atikan-**či**-l* ukčen-re-n.
'할아버지는 할머니와 얘기했다.' (Cincius 1947: 235)

9.3.4 분리나 제한의 접미사

접미사 {-nrag/-nreg}는 대상의 선별이나 분리를 의미한다.

*kuŋa-**nrag**-al* heʒen-re. '아이들만 춤추었다.'
noŋan umtaŋgaj *egʒe-**nreg**-u* emu-ri-n. '그는 달걀을 큰 것만 가져왔다.'

burgag *čulbańa-**nrag**-ač* oi-č tet-te. '백양나무는 푸른 옷으로만 입었다.'

(čulbańa 푸른) (Cincius 1947: 235)

9.3.5 한정이나 반복의 접미사

접미사 {-tan/-ten}은 대상의 한정 또는 행위의 반복을 나타낸다.

bi *bej-**ten**-du* bu-ǯi-m. '나는 사람마다 줄 것이다.'
여격 미래 1인칭

*anŋan-**tan**-na* nakat-u ma-ri-n. '해마다 (그는) 곰을 죽였다.'
대격 3인칭

(Cincius 1947: 235)

9.3.6 비교와 비유의 접미사

접미사 {-gčin, -gačin/-gečin, -kačin/-kečin, -ŋačin/-ŋečin}은 모양이나 특성에 따른 비교의 의미를 부가한다.[2)]

min neseŋ-u *mɔ:-**gčin*** e^{j}es-ne-n.
'나의 땀이 물 같이 흐른다.'

ŋal-ča-mi čißka-čan *hut-**kečin**-ni* nebde-l-de-niken.
지소 비인칭 소유 지소 소유 부동사 현재

'(자기의) 작은 손으로 작은 새가 아기 같이 펄럭이면서...'

(ŋal 손, čißkačan 작은 새, hut 아기, nebdelde-dej 펼치다, 풀다)
(Cincius 1947: 235)

---

2) 이 접미사는 몽골어와 만주어에도 있으며, 한국어의 '같이'와 동일한 것으로 간주된다.

9.3.7 추측이나 예측의 접미사

접미사 {-mdas/-mdes} 는 추측이나 예측의 뉘앙스를 가진 비유를 의미한다.

korit-ka-mu *nipkiri-**mdas*** od-ni.
지소 소유
'나의 귀들이 막힌 것 *같았다.*' (nipkir 막음)nipke-deg 막다, nipki-ri- 형동사 형태[3]

noŋartan ... *ʲelral-ri-**mdas**-al-da.*
'그들은 슬퍼하는 것들 *같다.*' (ʲelral(n-daj, jelal-ri- 형동사 형태) 슬퍼하다)

olra-l hoč *ureŋčiri-**mdes**-el...*
'물고기들이 아주 기뻐들 하는 것 *같다.*' (ɔreŋči-dej 매우 기뻐하다, ɔreŋči-ri- 형동사 형태)

aßlaŋkarti ... *čulbańa-**mdas**-kačin bulat-kačin* od-ni.
'툰드라는 마치 파랗게 되어 양복옷감 *같이* 되었다.'
(Cincius 1947: 236)

9.3.8 흉내와 모방의 접미사

접미사 {-san/-sen}은 행위나 대상의 흉내나 모방 같은 것을 가리킨다.

ʒo-l-an *ʲeke-**sen**, časka-**san*** bi-ßet-tep, oniŋ-ač *čaiŋa-san* bi-ßet-tep.
복 보통상 조격 보통상
'돌들 가운데 (우리의) 주전자, 찻잔 같은 것이 있었고, 모래 가운데 차 같은 것이 있었다.'

bi olra-ß *olra-ma-**san*** bi-se-m, gʲe-ß uʲamka-m *buju-**sen*** bi-s-ni.
대격 소유 대격
'나는 고기잡는 사람 같았고, 나의 친구는 산양 사냥꾼 같았다.'
(uʲamkan 산양, buju-dej 사냥하러 가다, buju-sen 사냥꾼 같은)
(Cincius 1947: 236)

3) 170~171쪽 참조.

9.3.9 비교 접미사

명사 뒤에 후치사 din이 오면 크기를 비교하는 구문이 된다.

noŋan min ***di**-ß*. '그는 내 크기이다.'(나와 크기가 같다)
소유1
bi noŋan ***din*** bi-se-m. '나는 그와 크기가 같다.'
bi hin ***di**-s* bi-se-m. '나는 너와 크기가 같다.'
소유2
min or-mu muran ***din***. '나의 순록은 말과 크기가 같다.'(말처럼 크다)
bi ŋin ***di**-ßen* huliča-m ma-ra-m. '나는 개만한 여우를 죽였다.'
소유3 대격

(Cincius 1947: 236)

9.3.10 강조와 확인의 접미사

접미사 {-ma/-me} 는 확인이나 강조의 의미를 부여한다.

noŋan *okat-**ma**-kla* ʲe-s-san. '그가 강까지 갔다.'
향-처

erbeči-l *hergi-**me**-kli* *min-**me**-le* deg-si-ten.
향-병

'거위들은 아주 낮게 나에게까지 곧장 날아왔다.'

(her 바닥, 밑, hergi 낮은, 아래, deg-dej 날다, 날아가다)

kuŋa *hinma-**ma**-kan* ǯu-la-j imelči-n.
처소 비인칭소유

'아이가 잽싸게 집에 뛰어들어 왔다.' (hinma 빠른, 빨리, imelči-dej 뛰어들다)

(Cincius 1947: 237)

9.3.11 강조의 접미사

접미사 {-ǯmar/-ǯmer}, {ńmar/-ńmer}는 강조의 의미를 부가한다.

ǯur bei-l bi-d-de. '2 사람이 살고 있었다'
복 미완 직설 3복

*aka-**ǯmar*** ereger buju-s-sen, *nu-**ǯmer*** ǯu-la-j biǯ-ǯot-ten.
처소 소유 보통상
'형은 항상 사냥하고, 동생은 집에 있었다.' (bid-dej 살다, 있다)

*aka-**ǯmar*** hut-i hupkuče-kle emen-in.
소유 비인칭 향-처
'아버지는 아이를 학교에 남겨 놓았다.' (emen-dej 남기다, 버리다)

(Cincius 1947: 237)

9.4 소사(particle)

에벤어에서 소사는 의문, 연결, 강조, 불특정, 조건, 제한의 다섯 가지가 있다.

9.4.1 의문 소사 {-gu, -ku}[4]

hun-dule oron bi-s-ni-***gu***? '당신에게 순록이 있습니까?'
tarak ŋʲen-***gu***, ʲak-***ku*** bi-s-ni? '저것이 개입니까 (아니면) 다른 무엇입니까?'

(Cincius 1947: 237)

---

4) 중세국어에 명사 + *고(오)/가(아)* 형태의 의문문이 있었다.
'무슨 사람+가', '어머니+고'
이 형태들은 '의문 첨사' 또는 '의문 보조사'로 간주된다. (이기문 1978: 169, 고영근 2012: 104, 안병희, 이광호 2001: 242-243)

9.4.2 연결 소사 {-da/-de, -ta/-te}[5]

bi-***de***, amm-u-***da***, eńm-u-***de*** em-ri-ßun.
'나도, 나의 아빠도, 나의 엄마도 오셨다.'

(Cincius 1947: 237)

연결 소사에는 강조나 부정의 의미도 있다.

ǯu-du-***da*** hiŋes bi-ßet-ten. '집 안에까지 서리가 껴 있었다.'
　　여격　　　　　보통　복3

eńm-u ʲaß-***da*** e-s-ni gɔ-n. '엄마는 아무것도 말하지 않았다.'(안 말했다)

(Cincius 1947: 237)

9.4.3 강조 소사

소사 {-si, -te/-de, -ńan/-ńen, -kana/-kene, -lugu, -la/-le, -kka/-kke} 는 어휘 의미를 강조하는 역할을 한다.

*tike-**si*** mut aič bi-se-p. '지금도 우리는 잘 살고 있다.'
*iči-lre-**si**-re*! '쳐다 보아라!'
kɔʲetli-***kene***! '보기만 해라!'
mʲela-lra-***la***! '잠이나 자라!'
ʲami-***kka*** ńeßte hɔli-n čulbal-ra-n! '왜인지 샘 가장자리까지 파래졌다!'
(ʲami 왜, ńeßte 샘, hɔli 가장자리, čulbal-daj 파래지다)
bi-***kke*** aič bi-se-m! '나도 잘 살고 있어!'

(Cincius 1947: 238)

5) 이 연결소사도 한국어의 조사 '도'와 같은 것으로 간주될 수 있다.

9.4.4 불특정 소사

소사 {-ul/-ßul, -tul, -bul, -nir}는 불확실한 대상을 의미한다.

ŋi-***ßul*** em-ǯi-n. '누군가 올 것이다.'(-ǯi- 미래시제)
on-a-***nir*** ga-daj. '어떻게든 가져라.'

(Cincius 1947: 238)

9.4.5 조건 소사

소사 {-ßusin, -tit, -nun}은 상황의 조건을 의미한다.

ereß-***ßusin*** ga-li. '이거라도 가져가라.'
kuŋa hoŋal-daj ńek-niken-***tit*** maŋči-n.
부동사 현재
'아이가 울려고 하다가 참았다.'
(hoŋ-daj 울다, hoŋ-al-daj 울기 시작하다, ńek-tej 의도하다, 결심하다, maŋči-daj 참다)

(Cincius 1947: 238)

9.4.6 제한 소사

소사 {-tkan /-tken, -takan /-teken} 은 대상의 범위를 제한하는 의미를 부가한다.

hi-***tken*** untaj nuk-li,
'너 만은 운티를 벗어라.'
kačikan-***takan*** keńeli.
'새끼만은 나쁘다.' (keńeli 나쁜, 나쁘다)

(Cincius 1947: 238)

9.5 기수사

1 umen	11 m^{j}en-umen	21 ǯur-m^{j}er umen
2 ǯur	12 m^{j}en-ǯur	22 ǯur-m^{j}er ǯur
3 ilan	13 m^{j}en-ilan	30 ilanm^{j}er
4 digen	14 m^{j}en-digen	40 digenm^{j}er
5 tunŋan	15 m^{j}en-tunŋan	50 tunŋanm^{j}er
6 ńuŋen	16 m^{j}en-ńuŋen	60 ńuŋenm^{j}er
7 nadan	17 m^{j}en-nadan	70 nadanm^{j}er
8 ǯapkan	18 m^{j}en-ǯapkan	80 ǯapkanm^{j}er
9 ujun	19 m^{j}en-ujun	90 ujunm^{j}er
10 m^{j}en	20 ǯur-m^{j}er	100 umen ńama

에벤어의 수사 중 '2'는 *ǯur*로 한국어의 '둘'과 형태가 상당히 유사하다.[6]

6) 에벤어 수사에는 고구려어의 수사나 일본어의 수사(이익섭 2012: 282)와 유사한 것들도 있다.

에벤어	고구려어	고대일본어
3 ilan	밀	mi
5 tunŋan	우차	itu
7 nadan	난은	nana

제10장 소유 구문

북극권 레나강의 기러기

제10장 소유 구문

격 개념이 발달한 언어에서는 보통 소유 관계가 생격에 의해 구현된다. 그러나 에벤어에는 소유 관계를 수행하는 격 형태가 존재하지 않는다.[1] 생격 대신 소유를 나타내는 접미사가 별도로 있으며, 인칭과 수에 따라 변화한다. 이것은 소유 접미사로서 대상이 누구에게 소속되는가를 나타내어 주며, 직접형, 상대형, 자립형의 세 형태로 구분된다.

10.1 직접 소유형

직접 소유형은 인칭형과 비인칭형으로 구분된다. 인칭 소유형은 단수와 복수의 1, 2, 3인칭으로 구분되고, 비인칭형은 단수와 복수로만 구분된다. 소유 접미사는 첫 소리가 인칭형이든 비인칭형이든 어간이나 격 접미사의 마지막 소리에 따라 변화된다.

1) 투르크어족에 속하는 사하어(야쿠트어)도 생격형이 없다. 소유 구문은 별도의 접미사에 의해 구현된다(korkina et al. 1982: 141).

표 1. 인칭-비인칭 소유 접미사

접미사/끝소리	인칭							비인칭	
	단수			복수				단	복
	1	2	3	1제외	1포함	2	3		
모음	-ß	-s	-n	-ßun	-t	-san	-tan	-j	-ßur
자음	-u	-a-s	-a-n	-un	-a-t	-a-san	-a-tan	-i	-ur
n	-mu	-si	-ni	-mun	-ti	-san	-tan	-mi	-mur
복수접미사	-bu	-si	-ni	-bun	-ti	-san	-tan	-bi	-bur

(Cincius 1947: 136)

표 2. 명사 소유형의 예

어간	인칭							비인칭	
	단수			복수				단	복
	1	2	3	1제외	1포함	2	3		
ǯu 집	ǯu-ß	ǯu-s	ǯu-n	ǯu-ßun	ǯu-t	ǯu-san	ǯu-tan	ǯu-j	ǯu-ßur
adal그물	adal-u	-a-s	-a-n	adal-u-n	-a-t	-a-san	-a-tan	adal-i	adal-ur
oron순록	or-mu	oron-si	oron-ni	ormun	-ti	-san	-tan	or-mi	or-mur
ǯu-l집들	ǯu-l-bu	ǯul-si	ǯul-ni	-l-bun	-l-ti	-l-san	-l-tan	-l-bi	ǯul-bur

(Cincius 1947: 137)

표 3. 소유형의 명사 대격

수	유형	I	II			III	IV
	어간끝/인칭	모음	자음			n	복.접.
			유성	무성	비음		
단		집	그물	올가미	개	칼	집들
	1	ǯu-ß	adal-u	maßut-u	ŋin-u	hirkam-u	ǯul-bu
	2	ǯu-ßus	adal-us	maßut-us	ŋin-us	hirkam-us	ǯul-bus
	3	ǯu-ßan	adal-lon	maßut-ton	ŋin-non	hirkam-an	ǯul-ban
복	1포함	ǯu-ßut	adal-ut	maßut-ut	ŋin-ut	hirkam-ut	ǯul-but
	1제외	ǯu-ßun	adal-un	maßut-un	ŋin-un	hirkam-un	ǯul-bun
	2	ǯu-ßusan	adal-usan	maßut-usan	ŋin-usan	hirkam-usan	ǯul-busan
	3	ǯu-ßutan	adal-utan	maßut-utan	ŋin-utan	hirkam-utan	ǯul-butan
단-복	비인칭	ǯu-j	adal-i	maßut-i	ŋin-i	hirkam-i	ǯul-bi
		ǯu-ßur	adal-ur	maßut-ur	ŋin-ur	hirkam-ur	ǯul-bur

(Cincius 1947: 139)

ete-ß '나의 할아버지'	ǯu-s '너의 집'
ǯu-j 누군가의 집	ǯu-ßur 누군가들의 집
ǯu-l-bi 누군가들의 집	ǯu-l-bur 누군가들의 집들
muran-tan '그들의 말'	teti-ten '그들의 옷'

ud-la-*tan* '그들의 흔적에서' (-la-: 처소격)
adal-*un* ajo '나의 그물이 좋다.'
orm-*u* ǯa-ß-ča. '나의 순록이 잡혔다.'
noŋan adal-*u* ga-di-n. '그가 (나의) 그물을 가져갔다.'

10.2 상대적 소유형

에벤어에서는 소유 관계를 간접적으로 표시하는 소유 형태도 널리 이용되고 있다. 다른 만주-퉁구스어들에서처럼 에벤어에서도 모든 명사가 직접 소유형과 상대적 소유형을 다 가진다. 예를 들어 머리, 근육과 같이 자기 몸과 관련된 소유는 관계를 직접적으로 단순하게 표현한다.

min dil-*u* '나의 머리'
min ulre-*ß* '나의 근육'

그러나 자기가 잡은 짐승의 일부에 대한 소유는 소유 관계를 나타내는 접미사 {-ŋ-}이 어간과 인칭 접미사 사이에 첨가된다.

min dil-a-*ŋ*-u '나의 머리' (내가 죽인 짐승의 머리)
min ulre-*ŋ*-u '나의 고기' (내가 죽인 짐승의 고기)

반면에 소유주와 피소유물의 관계가 상대적인 것이 아닌 경우에는 직접적인 소유 관계가 성립된다.

표 4. 소유 형태의 명사 변화: 명사 ʒu '유르타(집)'

형태격	인칭-소유형							비인칭-소유형	
	단수			복수				단	복
	1	2	3	1포	1제	2	3		
주	ǯu-ß	-s	-n	-ßun	-t	-san	-tan	-	-
대	-ß	-ßu-s	-ßa-n	-ßun	-ßu-t	-ßu-san	-ßu-tan	-j	-ß-u-r
여	-duß	-du-s	-dun	-du-ßun	-du-t	-du-san	-du-tan	-di	-du-r
향	-tkiß	-tki-s	-tki-n	-tki-ßun	-tki-t	-tki-san	-tki-tan	-tki-j	-tkiß-ur
처소	-laß	-la-s	-la-n	-la-ßun	-la-t	-la-san	-la-tan	-la-j	-laß-ur
병행	-liß	-li-s	-li-n	-li-ßun	-li-t	-li-san	-li-tan	-li-j	-liß-ur
향-처	-klaß	-kla-s	-kla-n	-kla-ßun	-kla-t	-kla-san	-kla-tan	-kla-j	-klaß-ur
향-병	-kliß	-kli-s	-kli-n	-kli-ßun	-kli-t	-kli-san	-kli-tan	-kli-j	-kliß-ur
탈	-duku-ß	-duku-s	-duku-n	-du-kun	-duku-t	-duku-san	-duku-tan	-duki	-duku-r
분리	-giǯiß	-giǯi-s	-giʒi-n	-giǯu-n	-giǯi-t	-giʒi-san	-giǯi-tan	-giǯi	-giǯu-r
조	-ǯiß	-ǯi-s	-ǯi-n	-ǯu-n	-ǯi-t	-ǯi-san	-ǯi-tan	-ǯi	-ǯu-r
동반	-ńumu	-ńun-si	-ńun-ni	-ńumu-n	-ńun-ti	-ńun-san	-ńun-tan	-ńumi	-ńumu-r
지정	-gaku	-ga-s	-ga-n	-ga-kun	-ga-t	-ga-san	-ga-tan	-ga-j	-ga-ßur

(Cincius 1947: 142)

bujun dil-a-*n* '야생 순록의 머리' (bujun 야생순록)

bujun ulre-*n* '야생 순록의 고기'

"에벤인에게 소유는 본능적인 문제이다. 즉 소유자와 소유 대상의 관계는 자연적인 것이다. 소유 대상은 소유자의 일부로 인식된다. 이런 관계에서는 직접 소유 형태가 나타난다. 어떤 사람에 대한 소유가 주어진 대상을 분리하는 조건에서만 가능한 경우에는, 즉 전체의 일부이거나 원래의 소유주의 일부인 경우에는 관계적 소유의 형태로 표현된다. 관계적 소유는 소유의 개념에 특정한 조건을 부여하면서 동시에 소유를 강조하는 표현이다"(Cincius 1947 : 143-144).

예를 들어 '강'과 같은 장소는 '나'에게 간접적으로 사용이 허락된 상대적 관계의 소유이다. 따라서 *okata-ŋ-u* '나의 강'에서 강은 내 몸의 일부가 아니라 상대적으로 타인보다 더 가까운 관계에 있는 대상이다. 이러한 상대적 소유를 표현하기 위해 접미사 {-ŋ-}이 첨가된다. 상대적 소유 표지인 접미사

{-ŋ-}은 단수 어간에 결합된다. 그 뒤로 주관적 평가 접미사, 복수 접미사, 격 접미사와 소유 접미사가 따라 붙는다.

[어근+*상대적 소유 접미사 {-ŋ-}*+평가/복수 접미사+격 접미사+소유 접미사]

uliki '다람쥐' (단수)	uliki-ŋ-e-*s* '너의 다람쥐'
uliki-l '다람쥐들' (복)	uliki-ŋ-e-l-*si* '너의 다람쥐들'
bujun '야생순록' (단)	buju-ŋ-e-*s* '너의 야생순록'
buju-r '야생순록들' (복)	buju-ŋ-e-l-*si* '너의 야생순록들'
munrukan '토끼'	munruka-ŋ-*ti* '우리 토끼'
honŋačan '송아지'	honŋača-ŋ-*u* '나의 송아지'

(Cincius 1947: 144)

단어에서의 상황에 따라 상대적 소유 접미사는 특수 문법 관계 표지들과 결합한다.

표 5. 상대적 소유 형태

수	인칭	의문대명사	어간 마지막 소리			
			모음	자음	n	복수 어간
단	1	ʲa-ŋ-u? 나의 무엇?	olra-ŋ-u 나의 물고기	okat-a-ŋ-u 나의 강	buju-ŋ-u 나의 순록	buju-ŋ-e-l-bu 나의 순록들
	2	ʲa-ŋ-a-s?	olra-ŋ-a-s	okat-a-ŋ-a-s	buju-ŋ-e-s	buju-ŋ-e-l-si
	3	ʲa-ŋ-a-n?	olra-ŋ-a-n	okat-a-ŋ-a-n	buju-ŋ-e-n	buju-ŋ-e-l-ni
복	1	ʲa-ŋa-t?	olra-ŋ-a-t	okat-a-ŋ-a-t	buju-ŋ-e-t	buju-ŋ-e-l-ti
	1	ʲa-ŋ-un?	olra-ŋ-un	okat-a-ŋ-un	buju-ŋ-un	buju-ŋ-e-l-bun
	2	ʲa-ŋ-a-san?	-ŋ-a-san	-a-ŋ-a-san	-ŋ-e-sen	buju-ŋ-e-l-sen
	3	ʲa-ŋ-a-tan?	-ŋ-a-tan	-a-ŋ-a-tan	-ŋ-e-ten	buju-ŋ-e-l-ten
단	무인칭	ʲa-ŋ-i?	olra-ŋ-i	okat-a-ŋ-i	buju-ŋ-i	buju-ŋ-e-l-bi
복		ʲa-ŋ-ur?	olra-ŋ-ur	okat-a-ŋ-ur	buju-ŋ-ur	buju-ŋ-e-l-bur

(Cincius 1947: 145)

특별한 경우를 제외하고 형용사는 상대적 소유 형태만을 가질 수 있다.

aj '좋은' : a-i-*ŋ*-u '나의 좋은'
a-i-*ŋ*-a-s '너의 좋은'

접미사 {-lkan/-lken}을 가진 소유 형용사에서는 명사의 상대적 소유를 나타내는 소유 표지 {-ŋ-} 이 쓰인다. *okata-ŋ-alkan bej* '강을 가진 사람'에는 상대적 소유 표지 접미사가 있는 반면, *oro-lkan bej* '사슴을 가진 사람'에서는 접미사가 없다.

소유자와 피소유자의 관계를 나타내는 방법으로 소유형 접미사(possessive suffixes)와 소유 형용사(adjective of possession)의 2 가지 방법이 있다.

소유형 접미사는 소유 대상과 소유자의 관계를 나타낸다.

noŋan oron-*ni* '그의 사슴'
min ŋal-*u* '나의 손'

dil '머리'를 예로 상대적 소유 주격형을 정리하면 다음과 같다.

표 6. 상대적 소유 주격형: dil '머리'

	단수	복수
1	bi dil-eŋ-u 나의 머리	mut dil-eŋ-at 우리의 머리
2	hi dil-eŋ-as 너의 머리	hu dil-eŋ-asan 너희들의 머리
3	noŋan dil-eŋ-an 그의 머리	noŋartan dil-eŋ-atan 그들의 머리

반면에 **소유 형용사**는 소유 주체(소유자)와 대상이 하나의 수식 단위가 될 때 이용된다.
[noŋan oro-lkan] bɔːdɜl-ɜ-n '[그의 사슴의] 다리'

[noŋan oro-lkan] dil-a-n '[그의 사슴의] 머리'

이러한 상황은 많은 양을 가지고 있다는 것을 가리키는 접미사 {-pči}을 가진 형용사 형태에서도 확인된다.

olra-pči okat '물고기가 많은 강'
olra-ŋ-a-pči bej '물고기가 많은 사람'

(Cincius 1947: 146)

'없음'을 나타내는 형용사도 이러한 상황을 반영한다.
ač olra-la okat '물고기가 없는 강'
ač olra-ŋ-na bej '물고기가 없는 사람'

(Cincius 1947: 146)

상대적 소유 형태의 명사는 인칭에 따라 다음과 같은 패러다임을 갖는다.

okata-*ŋ-u* '나의 강'
okata-*ŋ-un* '우리의 강' (Cincius 1947: 146)

okat '강'을 예로 상대적 소유 형태를 정리하면 다음과 같다.

표 7. 상대적 소유 형태의 명사 변화: okat '강'

격	'나의 강'	'나의 강들'	'우리의 강'	'우리의 강들'
주	okata-ŋ-u	okata-ŋ-al-bu	okata-ŋ-un	okata-ŋ-al-bun
대	okata-ŋ-u	-al-bu	okata-ŋ-un	-al-bun
여	okata-ŋ-duß	-al-duß	-dußun	-al-dußun
향	okata-ŋ-takiß	-al-takiß	-takißun	-al-takißun
처소	okata-ŋ-naß	-al-dulaß	-naßun	-al-dulaßun
병행	okata-ŋ-niß	- al-duliß	-nißun	-al-dulißun

격	'나의 강'	'나의 강들'	'우리의 강'	'우리의 강들'
향-처	okata-ŋ-aklaß	-alaklaß	-aklaßun	-al-aklaßun
향-병	okata-ŋ-akliß	-alakliß	-aklißun	-al-aklißun
탈	okata-ŋ-dukuß	-aldukuß	-dukun	-al-dukußun
분리	okata-ŋ-giǯiß	-algiǯiß	-giǯun	-al-giǯun
조	okata-ŋ-ǯiß	-alǯiß	-ǯun	-al-ǯun
동반	okata-ŋ-ńumu	-alńumu	-ńumun	-al-ńumun
지정	okata-ŋ-gaku	-algaku	-gakun	-al-gakun

(Cincius 1947: 147)

10.3 명사의 자립 소유형 구문

명사가 서술어 기능을 하거나 다른 명사의 보조어나 도치된 보어가 되는 경우에도 명사는 소유형을 가지게 된다. 이것은 접미사 {-ŋi}로 구분된다.[2)]

tarak ǯu *etike-ŋi*. '저 집은 *할아버지의 것*이다.'
tarak ŋi ǯu-n? *etike-ŋi*. '저것은 누구의 집이냐? *할아버지의 것*이다.'
tarak ǯu-n, *etike-ŋi*, ho aj. '저 집, *할아버지의 것*은 아주 좋다.'
비교 *etiken* ǯu-n ho aj. '할아버지의 집은 아주 좋다.'

(Cincius 1947: 148)

접미사 {-ŋi}는 단수와 복수에서 다 결합된다.

bei-*ŋi* '사람의' (1 사람에게 속한)
bei-l-*ŋi* '사람들의' (여러 사람에게 속한)

{-ŋi} 를 갖는 소유형이 복수 접미사나 비 기본격 접미사들을 가질 수 있다.

2) 이것은 형태음운적으로 한국어의 관형격 조사 '의'와 유사하고, 기능적으로는 의존명사 '것'에 대응된다.

bei-*ŋi*-l '사람의' (한 사람의 복수 물건)

bei-l-*ŋi*-l '사람들의' (여러 사람들의 복수 물건)

{-ŋi}를 갖는 소유형의 명사는 자립형 소유 대명사(*min-ŋi, hin-ŋi* 등)과 유사하다. 이것을 명사의 '자립소유형'(Cincius 1947: 148)이라고도 한다.

10.4 명사 지정격

특정한 대상을 위하여 어떤 물건을 만드는 경우 지정격 접미사 {-ga/ge, -ka/ke, -ŋa/ŋe}가 사용된다.

ekm-u *unta-**ga**-ku* haŋan-ri-n. .

'나의 누이가 (나를 위한) 운티를 만들었다.' (haŋan-daj 실로 뜨다, 바느질하다)

bu *turki-**ga**-βur* o-ri-ßun.

'우리는 (자신을 위한) 썰매를 만들었다.' (Cincius 1947: 140)

에벤어에서 지정격은 특별한 위치를 차지한다. 지정격에는 그 뒤에 소유 접미사가 반드시 결합된다.

adal-***ga***-ku = 명사 + 지정격 + 소유 접미사

표 8. 지정격 형태

수	인칭	의문 대명사	어간 마지막 소리					
			모음	자음			-n	복수접미사 I
				유성	무성	비음		
단		^{j}a-	ǯu-	adal-	maßut-	ǯoda(n)-	herka(n)-	ǯu-l-
	1	-ga-ku?	-ga-ku	-ga-ku	-ka-ku	-ŋa-ku	-ŋa-ku	-ga-ku
	2	^{j}a-ga-s?	ǯu-ga-s	adal-ga-s	ka-s	ŋa-s	-ŋa-s	-ga-s
	3	^{j}a-ga-n?	ǯu-ga-n	adal-ga-n	ka-n	ŋa-n	-ŋa-n	-ga-n
복	1 포함	^{j}a-ga-t?	ǯu-ga-t	adal-ga-t	ka-t	-ŋa-t	-ŋa-t	-ga-t
	1 배제	-ga-kun?	ǯu-ga-kun	-ga-kun	ka-kun	-ŋa-kun	-ŋa-kun	-ga-kun -ga-san
	2	-ga-san?	ǯu-ga-san	-ga-san	ka-san	-ŋa-san	-ŋa-san	-ga-tan
	3	-ga-tan?	ǯu-ga-tan	-ga-tan	ka-tan	-ŋa-tan	-ŋa-tan	
단1	비인칭	^{j}a-ga-j?	ǯu-ga-j	adal-ga-j	-ka-j	-ŋa-j	-ŋa-j	-ga-j
복		-ga-ßur?	-ga-ßur	-ga-ßur	-ka-ßur	-ŋa-ßur	-ŋa-ßur	-ga-ßur

(Cincius 1947: 141)

제11장
언어적 연관성

오이먀콘군 톰토르 마을의 겨울(멀리 스타노보이 산맥이 보인다.)

제11장 언어적 연관성

에벤어는 만주-퉁구스어 계통에 속한다고 한다. 그런데 한국어가 퉁구스어라는 가설에 대해서는 논란이 계속되고 있다. 그 이유는 증거 부족이다. 어순 등에 관해 유사성은 있으나 그것은 너무 일반적이어서 증거가 되기엔 미약하다. 무엇보다도 어휘적 증거가 부족하다는 것이다. 본서에서는 어휘 구조와 어휘 파생, 문법 구조에서 유사한 점들이 있는지 살펴보았다. 마지막으로 어휘적으로 유사하다고 보이는 자료들을 예시하고자 한다. 발해(698~926)가 멸망한 이후 한반도에서 만주는 단절되었다. 그 이후 한국어는 한자 문화권에 편입되어 어휘적으로 많은 변화를 겪었다. 현대어에서 어휘적으로 유사한 증거를 찾는 것은 매우 어려운 일이다. 그럼에도 유사성을 보이는 어휘들이 적지 아니 발견된다는 것은 놀라운 일이다. 접미사나 격조사에서는 더욱 많은 유사성을 찾을 수 있다. 자칫하면 견강부회하는 실수를 저지를 수도 있다는 점이 염려되지만 차후의 연구를 위해 위험을 무릅쓰고 본장에서는 에벤어에서 한국어와 유사하다고 간주되는 어휘와 형태소들을 제시해 보고자 한다.

11.1 동어소로 간주되는 어휘들

표 1.

의미	에벤어	한국어
돌	ǯol	dol
둘(2)	ǯul ~ ǯur	dul
집	ǯu	ʒip
세상	tɔr	dule (가장자리)
땅	dɔmŋe/dɔnre	dundək (언덕)
나라	bug	buga (고구려시대)
나무	mo	namu
물	mu	mul
말	muran	mal
여자	asi	assi
옷	oj	ot
때때옷	tet-i	tete-ot
이(치아)	it	i~ippal
산	ure-kčen	ure (천둥)
누이	nɔ	nui
형	akan	aʒʒi~aʒəssi(아저씨)
엄마	eŋmi	əmni (방언)
누구	ŋi	nu-gu

위에 인용된 어휘들은 음절 구조와 자음 구성에서 두 언어 간에 유사성을 보인다.

처음 여섯 어휘들은 어두 자음이 일치하고, 음절 구조가 유사하다. 에벤어의 어두자음 /ǯ/와 한국어의 /d/는 구개음화에 의해 달라진 것으로 추정된다. '나라'의 경우, 한국어에서 *buga*라는 어휘는 고구려를 구성하였던 5 부족을 '5 부가'라고 하였던 것과 관련지어 볼 수 있다. 에벤어에서는 *bug*이지만, 에벤키어에서는 *buga*라는 말이 '나라', '영토'를 가리킨다.

다음의 세 어휘 '나무', '물', '말' 중 '나무'는 다소 의심스럽긴 하지만, '물'과 '말'의 경우는 임홍빈(2008), 김동소 교수(1981) 같은 국어학자들도 동어성을 인정하였다.

한국어의 'assi'는 20세기 중엽까지 '여자'에 대한 정중한 호칭어였다. 며느리가 시누이를 부를 때 반드시 '아씨'라 하는 것은 지금도 유효하다.

'옷'과 '이'는 우연의 일치가 아니라면 동어성을 의심할 여지가 없다. 에벤어에서 *tet-tej*는 '(옷을) 입다'라는 동사이다. *tet-i*는 이 동사에서 파생된 명사이다. 한국어의 *tete-ot*(때때옷)이 이 단어의 대응어휘가 아닌지 의심해 볼 만하다. 한국어의 '이(치아)'가 에벤어에서는 'it'이다.

에벤어나 에벤키어에서 '우레'는 '산'을 의미한다. 한국어에서 '우레'는 '천둥'을 뜻한다. 이것은 동일 어근으로 한국어 어휘가 의미 전환된 것이 아닐까 추측해 볼 수 있다. '누이', '엄마', '누구?'의 경우에는 음절 구조면에서 유사성을 짐작해 볼 수 있다. *akan*과 *aʒʒi*는 동어소로서 한국어에서 이 단어의 의미가 '아저씨'로 바뀌는 의미 전환이 일어나지 않았나 의심이 된다.

11.2 동어소로 간주되는 동사들

표 2.

의미	에벤어	한국어
오다	em-dej	o-da
나가다	nɔ-dej	naga-da
가지다	ga-daj	gaʒi-da
다가오다	dagam-daj	daga-ga/o-da
잡다	ǯaß-daj	ʒap-da
후 불다	hu-daj	hu-bul-da
위에 앉다	uu-daj	wie-an-ta

위에 예로 든 동사들은 사용 빈도가 높은 어휘들이다. 어간의 음절 구조가 매우 유사하다. 이러한 어휘들의 유사성을 차용의 결과라고 할 수는 없다. 이 동사들은 음운적으로 서로 대응이 된다. 동사 '다가오다'에서 *daga*-는 에벤어에서 '가까이'라는 의미의 형용사이다.[1]

1) 한국어에서 '다가놓다'는 '가까이 놓다'라는 의미이다(한글학회, 우리말큰사전 1. 1991).

11.3 동어소로 간주되는 형용사와 부사들

표 3.

의미	에벤	한국어
달다	dalra/dalda	dal-da
붉다	hulańa	bulg-da
다가[가깝다]	daga	daga (접두사)
크다	gud	kɨda
위[위의]	ɔj	wi
위로	ɔjle	wiro
위에서	ɔjgič	wiesə
안/아니(부정)	e-dej	an/ani

위에서 예로 든 형용사와 부사들을 우연의 일치라 하기엔 너무나 유사하다. '붉다'의 경우, 어두 자음/h/와 /b/는 */bh/에서 각기 발전한 것일 수도 있다. 부정구문의 구성도 두 언어의 유사성을 입증하기에 충분한 예이다.

에벤: Bi *e-se-m* hoŋ-a-lra.
한국: '나는 *안* 울었다.'

위 예문에서 부정 성분 *e-se-m*과 '안'의 경우 음운적 연관성을 추론할 수 있는 어휘소들이 더 필요하지만, 일단은 의심해 볼 만하다.

11.4 동어소로 간주되는 어휘소들

에벤어에서 동사 미정형은 어미 {-daj/-dej}를 갖는다. 모음은 모음조화에 의해 바뀌므로 모음이 /a/이든 /e/이든 상관이 없다. 에벤어에서 과거 시제 접미사 {-ri-}는 어간과 인칭 접미사 사이에 온다. 한국어에서도 어간 뒤에 과거 시제 접미사가 온다. 반복 의미의 강조 소사는 *da*와 *do*로 아주 유사하다.

표 4.

의미	에벤	한국어
평서형 종결어미	-daj/-dej	-다
과거시제 선어말어미	-ri-	었/였
보조사	da	도
의문형 종결어미	-gu/-ku	-까
'크다'의 활용형	-kan (지대 접미사)	큰
복수 접미사	-l/-dal/-sal	-들
조사	-gičin/-gači	같이
근접 의미 접두사	daga-	다가-
관형격 조사	-ŋi	-의
호격 조사	-a/-e!	-아/야!

에벤어의 접미사 {-gu/-ku}는 의문소사로서 한국어의 {-kka}(-까?)[2]와 음운형태적으로 유사하다. 에벤어에서 {-kan}은 지대형 접미사이다. 반면에 한국어에서는 지대형을 나타낼 때 형용사 '큰'(kɨn)을 이용한다. 예를 들어, 에벤어의 *adal-ja-kan*은 '큰 그물'이다. 에벤어와 사촌 관계에 있는 에벤키어에서 지대형 접미사는 {-kun} 또는 {-ka-kun}이다. 예를 들어, 에벤키어의 *ǯu-kun* 또는 *ǯu-ka-kun*은 한국어로 '큰 집'이라는 뜻이다. 접미사와 형용사로서 품사가 다르지만, 이것은 두 언어의 품사에서 각기 다른 방향으로 변했기 때문으로 짐작해 볼 수도 있다.

에벤어에서 복수 접미사 {-dal/-sal}은 친족 관계 등 특수한 범주의 어휘에서 활용된다. '아버지' *aman*과 '어머니' *enin*의 복수형은 *am-til*과 *en-til*이다. 이뿐만 아니라 복수 접미사의 기능은 많은 점에서 한국어와 아주 유사하다.[3] 유사의미 접미사 {-gičin/-gači}는 한국어의 '같이'(gati)와 음운구조나 의미적으로 동일하다고 할 수 있다. 접두사 {daga-}는 '가까이'란 뜻으로 두 언어에서 공통적이다. 한국어에서는 이 접두사가 고어형으로서 생산성을 잃

2) 한국어의 중세문법에서 '고/오', '가/아'는 의문보조사였다. 한국어의 역사문법에서는 이것을 '첨사'라고도 한다.(이기문 1978: 169, 고영근 2012: 104, 안병희, 이광호 2001: 242-243)

3) 강덕수와 박기선의 미발표 논문

어버렸다. 에벤어에서 소유 구문은 직접형과 간접형이 있다. 간접형의 경우 접미사 {-ŋi}가 이용된다. 이것은 한국어의 소유 조사 '의'(-ɨi)와 유사한 것이 아닐까 의심해 보고자 한다.

11.5 목적을 나타내는 동사 연결어미

표 5.

의미 \ 언어 \ 태 \ 접미사	에벤		한국어	
	능동태	목적태	능동태	목적태
	-li-	-la-	-Ø-	-rə-
나무하다 - 나무하**러** 가다	mo-li-daj	mo-la-daj	namu-ha-da	namu-harə-gada
물긷다 - 물길**러** 가다	mu-li-dej	mu-le-dej	mul-git-ta	mul-gilə-gada
양파 따다 양파 따**러** 가다	eŋut-li-dej	eŋut-le-dej	dɨlpa tta-da	dɨlpa ttarə-gada

위 예시는 동사 파생에서 형태적으로나 음운적으로 유사한 접미사들을 보여준다.

11.6 타동사 접사

표 6.

의미 \ 언어 \ 타동 \ 접미사	에벤		한국어	
	자동사	타동사	자동사	타동사
	-Ø-	-i-/-gi-	-Ø-	-i-/-hi-
끓다-끓이다	ir-dej	ir-i-dej	kkɨl-ta	kkɨl-i-da
괴롭다-괴롭히다	hil-dej	hil-gi-dej	görop-ta	görop-hi-da
물들다-물들이다	daß-daj	daß-gi-daj	muldɨl-da	muldɨl-i-da

의미 \ 언어 \ 타동 \ 접미사	에벤		한국어	
	자동사	타동사	자동사	타동사
	-a-	**-i-**	-i-/-Ø-	**-i-**
마르다-말리다	olg-a-daj	olg-i-daj	mar-ɨ-da	mal-i-da
붙다-붙이다	nabg-an-daj	nabg-i-daj	but-ta	but-i-da

위 예들도 자동사에서 타동사를 파생하는 과정이 형태적으로 매우 유사하다는 것을 보여준다.

11.7 사역동사 접미사

표 10.

의미 \ 언어 \ 사역 \ 접미사	에벤		한국어	
	타동사	사역동사	타동사	사역동사
	-Ø-	-ka-	-Ø-	-ge-
알다-알게 하다	ha-daj	hamal-ka-daj	al-da	al-ge hada

사역동사를 파생시키는 구조나 접미사에서 유사성을 볼 수 있다.

11.8 의무태 동사 접미사

표 11.

의미 \ 언어 \ 의무 \ 접미사	에벤		한국어	
	능동태	의무태	능동태	의무태
	-Ø-	-enne-	-Ø-	-ja-
떠나다-떠나야 하다	hɔr-dej	hɔr-enne-dej	ttəna-da	ttəna-ja-hada

능동태에서 의무태를 파생시키는 과정도 형태적으로나 음운적으로 매우 유사하다.

11.9 명사화 접미사

표 12.

의미 \ 언어 \ 명사 \ 접미사	에벤		한국어	
	동사	명사	동사	명사
	-Ø-	-ka	-Ø-	-gi
놀다-놀기	eßi-dej	eßi-ke	nol-da	nol-gi
세우다-세우기	tɔru-dej	tɔru-ke	seu-da	seu-gi

동사에서 명사를 파생하는 방법에 한국어는 접미사 '-기'를 붙이면 된다. 이와 유사한 조어 방법이 에벤어에서도 상당히 생산적이다.

에벤어의 형태와 구조

저자 약력

참고문헌

블루우스(영구결빙지역)

저자 약력

도연(醄囦) 강덕수(姜德洙)

현재 한국외국어대학교 노어과 교수
현재 한국외국어대학교 러시아연구소 소장
현재 한국-사하친선협회 회장
현재 러시아연방 북동연방대학교 명예교수
현재 러시아 북동언어학회 저널 「Language, Communication, and Culture」 편집위원장

한국외국어대학교 노어과 졸업(1976)
미국 위스컨신 주립 대학교 언어학 박사(슬라브언어학)(1984)
한국 음운론학회 회장 역임
한국 슬라브학회 회장 역임

러시아연방 사하공화국 국민훈장 수상(2008)
러시아연방 푸시킨 메달(훈장) 수상(2012)
러시아연방 교육학회 학술공헌 훈장 수상(2017)

저서: "러시아어사"(1992)
"야쿠트어"(2011)
"야쿠티야: 맘모스와 다이아몬드와 착한 사람들의 나라"(2011) 등

번역: "도적"(레오니드 레오노프, 1990)
"엘레스 보오투르(야쿠트 영웅서사시)"(오고토예프 2005)
"17-19세기 러시아문학어의 역사"(비노그라도프 2009) 등

논문: "Allomorphy in Sakha Case Suffixation"(2016)
"에벤어와 한국어의 구조적-어휘적 유사성 연구"(2014)
"A comparative study of lexical affinities in Evenkci, Even, and Korean"(2017) 등

참고문헌

Aralova, Natalia 2015. Vowel harmony in two Even dialects: Production and perception. The Netherlands: LOT

Burykin, A. A. 2004. Jazyk maločislennogo naroda v ego pis'mennoj forme (Language of the minority in the written form). SPb: Peterburgskoe Vostokovedenie

Cincius, V. I. 1947. Ocherk grammatiki evenskogo(lamutskogo) jazyka (Sketch of grammar of Even(Lamut) language). vol.1. Leningrad: GUPI

Cincius, V. I. and L. D. Rišec. 1952. Russko-evenskij slovar' (Russian-Even dictionary). Moskva: GIINS

Isayev, M. I. 1977. National Languages in the USSR: Problems and Solutions. Moscow: Progress

Kang Ducksoo 2017. 'A comparative study of lexical affinities in Evenki, Even, and Korean'. Bulletin of International Institute for Central Asian Studies. vol. 25. 117-123

Kang Ducksoo & Park Kisun 2017. 'A comparative study of plural forms in Tungus(Even, Evenki) and Korean' (unpublished)

Kang, Ducksoo & Byun Koonhyuk 2017. 'The function of the tenseness in the Even vowel harmony' (unpublished)

Kim Juwon 2011. A Grammar of Ewen. Seoul: SNU Press

Korkina, E.I., E.I Ubrajatova, L.N. Xaritonov and N.E. Petrov 1982. Grammatika Sovremennogo Jakutskogo Literaturnogo Jazyka (Grammar of modern Yakut literary language). Moskva: Nauka

Ladefoged, P. & Johnson, K. 2011. A course in phonetics. 6th ed. Boston:Wadsworth/Cengage Learning

Lebedev, V. D. 1982. Oxotckij dialekt эvenskogo jazyka (Oxotsk dialect of Even language). Leningrad:Nauka.

Neroznak, V. P.(ed). 2002. Jazyki narodov Rossii (Languages of the people of Russia). Moskva: Akademia

Novikova, K. A., N. I. Gladkova and V. A. Robbek. 1991. Эvenskij jazyk (Even language). Leningrad: Prosveshchenie

Poppe, N. 1965. Introduction to Altaic Linguistics. Wiesbaden: Otto Harrassowitz

Robbek, V. A., M. E. Robbek. 2005. Эvensko-russkij slovar' (Even-Russian dictionary). Novosibirsk: Nauka

Ušnitskij, V. V. 2012. "Teorija G. V. Ksenofontova o proisxoždenii naroda saxa v kontekste vostokovedčeskix issledovanij" (G. V. Ksenofontov's theory of the origin of the Sakha people in the context of Oriental studies) Severo-vostochnyj gumanitarnyj vestnik (North-East journal). 2012, No. 1(4). 53-58

Vaxtin, N. B. 2001. Jazyki narodov severa v XX veke (Languages of the people of the nrth in the 20th century). SPb: Dmitrij Bulanin.

Veloljupskaja, V. G. 2005. Evenskij jazyk : Chasticy, poslelogi, sojuzy

(Even language: particles, postpositional, conjunction). Sankt-Ptetrburg: Vel'veder

Vinogradov, V. A. et.al(ed). 2005. Jazyki rossijskoj federacii I sosednix gosudarstv (Languages of Russian Federation and its neighboring countries). Énciklopedija (Encyclopedia). Moscow: Nauka

Yakutija. 2007. Istoriko-kul'turnyj atlas (Historical-cultural atlas). Moskva: Feorija

강덕수 2014. '어벤키어와 한국어의 구조적-어휘적 유사성 연구.'『언어와 언어학』62집. 한국외대 언어연구소.

고영근 2012. 표준 중세국어문법론. 제3판. 서울: 집문당

김동소 1981. '한국어와 퉁구스어의 음조의 비교 연구.' 효대 논문집 199-221

남광우 2009. 고어사전. 서울: 교학사

서종학 1997. "후치사의 변화", 국어사연구, 서울 : 태학사.

송 민 1986. 전기 근대국어 음운론 연구 : 특히 구개음화와 음을 중심으로, 서울: 탑출판사.

안병희, 이광호 2001. 중세국어문법론. 서울: 학연사

유창순 2005. 이조어사전. 서울: 연세대 출판부

이기문 1978. 국어사개설. 서울: 탑

이익섭 2012. 국어학개설. 서울: 학연사

이익섭, 채 완 2006. 국어문법론 강의. 서울: 학연사

임홍빈 2008. "물'과 알타이어족 가설.' 알타이 학보 18: 197-233. 한국 알타이학회

한글학회 1991. 우리말 큰사전. 서울: 어문각

한국외국어대학교 러시아연구소
HK 연구사업단 학술연구총서 27

에벤어의 형태와 구조

초판 인쇄 2018년 1월 22일
초판 발행 2018년 1월 26일

지은이 강덕수
발행인 김인철
총괄 · 기획 가정준 Director, University Knowledge Press
편집장 신선호 Executive Knowledge Contents Creator
도서편집 박현정 Contents Creator
전자책편집 이리나 e-Contents Creator
재무관리 김은혜 Managing Creator
마케팅 파트장 백승이 Chief Marketing Creator
마케팅 박종원 Marketing Creator
발행처 한국외국어대학교 지식출판원
02450 서울특별시 동대문구 이문로 107
전화 02)2173-2493~7
팩스 02)2173-3363
홈페이지 http://press.hufs.ac.kr
전자우편 press@hufs.ac.kr
출판등록 제6-6호(1969. 4. 30)
디자인 · 편집 (주)이환디앤비 02)2254-4301
인쇄 · 제본 네오프린텍 02)718-3111

ISBN 979-11-5901-259-4 93790 정가 23,000원

*잘못된 책은 교환하여 드립니다.

HUiNE은 한국외국어대학교 지식출판원의 어학도서, 사회과학도서, 지역학 도서 Sub Brand이다. 한국외대의 영문명인 HUFS, 현명한 국제전문가 양성(International +Intelligent)의 의미를 담고 있으며, 휴인(携引)의 뜻인 '이끌다, 끌고 나가다'라는 의미처럼 출판계를 이끄는 리더로서, 혁신의 이미지를 담고 있다.

에벤어의
형태와 구조